老師沒教的歷史腦補課

節日×建築×發明×文化，
那個沒有3C產品的年代，
看古人如何從生活中找樂子

陳深名 著

歷史的真相，
往往跟你想的差很大，
有時可能讓你腦洞大開?!

崧燁文化

目錄

目錄

第二章　建築奇蹟

目錄

第五章　歷史軼聞

目錄

前言

所謂人文，就是指人類社會的各種文化現象。包括風俗傳統、文明文化、歷史藝術等很多方面。在這裡，我們不過度追求和剖析「人文」的深刻意義，而是以開拓視野為目的，深入淺出地介紹一些人文知識，以便讀者能夠更全面、清晰地了解世界人文發展和文化、藝術等方面的知識。

在人類社會的發展歷史上，從文明古國的強盛，到近代的世界大戰；從世界各地的建築奇蹟，到今天不斷發展的文學藝術；從古代簡單的科學發明，到今天資訊技術的飛速發展……我們的社會時時刻刻都在發生著變化。燦爛的文化藝術、發明創造、建築奇蹟等，也常常吸引著我們不斷探索並展開求知的過程，比如中秋節為什麼要吃月餅？日本人和服後面的小包包裡裝的是什麼？「哭牆」真的會哭嗎？巧克力是怎麼出現的？狀元真的是天上的「文曲星」下凡嗎？舍利子是什麼東西？埃及人為什麼要製作木乃伊？……這些問題，都在刺激著我們的大腦，吸引著我們的目光，讓

前言

我們的思想陷入其中。

本書選取了世界上具有代表性的人文知識，囊括了節俗、建築、發明、文化、藝術、歷史等多個方面，用簡潔有趣、通俗易懂的語言，全方位且深入淺出地解答了這些問題，不僅展示了豐富的人文天地和精彩的文化知識，表現出世界人文歷史的迷人魅力。

本書不但可以作為趣味圖書日常閱讀，還可以作為開闊視野、提高修養的好幫手。希望各位讀者可以借助本書，掌握到更多的人文知識。

第一章　節日習俗

閏年的由來

閏年是為了彌補因人為曆法規定而造成的年度天數，以及地球實際公轉週期的時間差而設立的。簡單地說，補上時間差的年分便是閏年。

按陽曆講，一年有三百六十五天五小時四十八分四十六秒。然一年之日數，必須是整數，故一年為三百六十五日。餘下的五小時四十八分四十六秒，累積至四年滿一日，故每四年增加一日，為閏日，此年謂之「閏年」，無閏日之年稱「平年」，平年三百六十五日，閏年三百六十六日。

但四年之閏餘，僅二十三時十五分四秒，今閏一日，未免超過四十四分五十六秒，累積至一百年，為十七時五十八分二十四秒，約合一日的四分之三，故每百年廢一閏，至第四百年又不廢。如是每四年置一閏，每四百年減三閏，記超過二時五十三分二十秒，須八個四百年後，即三千兩百年後，始補足次一日之差。

農曆的來源可能是因為中國以農立國，制定曆法必須以服務農業為目的。農曆的曆月是以朔望月為依據的，朔望月的時間是二十九點五三六六天，因此農曆也是大月三十天，小月二十九天。農曆的大小月是經過推算決定的，有時可能出現兩個大月，或連續兩個小月。由於朔望月稍大於二十九天半，所以農曆每一百個曆月裡，約有五十三個大月和四十七個小月。

農曆基本上以十二個月為一年，但十二個朔望月的時間是三百五十四點三六六七天，較陽曆的回歸年相差十一天左右，這樣每隔三年就要多出三十三天，即多出一個月。為了把多餘的日數消除，每隔三年要加一個月，這就是農曆的閏月。有閏月的一年叫閏年，所以農曆的閏年就有十三個月，究竟閏哪一個月由節氣來決定。

農曆閏哪個月，決定於一年中的二十四節氣。中國農曆將二十四節氣分為十二個節氣和十二個中氣，十二個節氣為立春、驚蟄、清明、立夏、芒種、小暑、立秋、白露、寒露、立冬、大雪、小寒；十二個中氣為雨水、春分、穀雨、小滿、夏至、大暑、處暑、秋分、霜降、小雪、冬至、大寒。二十四節氣在農曆的日期是逐月延後的，於是部分農曆月份，中氣落在月末，下個月就沒有中氣。這正好和需要家閏月的年頭符合。所以，農曆中就規定把沒有中氣的那個月作為閏月，跟在幾月後面就叫潤幾月。如，二〇〇六年的中氣處暑落在了農曆的七月三十日，那麼在八月中會沒有下一個中氣秋分，所以就閏七月。

春節的由來

春節，是農曆正月初一，又叫陰曆年，俗稱「過年」。但在民間，傳統意義上的春節是指從臘月初八的臘祭或臘月二十三或二十四的祭灶開始，一直到正月十五這段時間，其中以除夕和正月初一為高潮。春節是中國民間最隆重、最熱鬧的一個傳統節日。

春節和年最初的含意來自農業，古時人們把穀的生長週期稱為「年」，《說文·

禾部》中說：「年，穀熟也。」在夏商時代產生了夏曆，以月亮圓缺的週期為月，一年劃分為十二個月，每月以不見月亮的那天為朔，正月朔日的子時稱為歲首，即一年的開始，也叫年。

年的名稱是從周朝開始的，到西漢才正式固定下來，一直延續到今天。但古時的正月初一被稱為「元旦」，直到中國近代辛亥革命勝利後，南京臨時政府為了順應農時和便於統計，規定在民間使用夏曆，在政府機關、廠礦、學校和團體中實行西曆，以西曆的元月一日為元旦，農曆的正月初一稱春節。

關於春節的起源有很多說法，其中為大眾普遍接受的說法是春節由虞舜興起。西元前兩千多年的一天，舜即天子位，帶領部下祭拜天地。從此，人們就把這一天當作歲首。據說這就是農曆新年的由來，後來就叫做春節。

在春節這一傳統節日期間，中國的漢族和大多數少數民族都有要舉行各種慶祝活動，這些活動大多以祭祀神佛、祭奠祖先、除舊布新、迎禧接福、祈求豐年為主要內容。活動形式豐富多彩，帶有濃郁的民族特色。

春節的這些習俗源於中國原始社會的臘祭。臘祭原是神農氏（一說伊耆氏）時代的「索神鬼而祭祀」、「合聚萬物而索享之」的「歲終出祭」。由於宗教、風俗自身的保守性和歷代統治階級出於自身目的提倡，這種產生於生產力低下的原始時代的傳統禮俗，一直保留在生產力相對低下的各個歷史時期，沿襲到一九四〇年，演化為「春節」的習俗。

而民間傳說則不同：「年」原是古代的一種怪獸。每到寒冬將盡，新春快來之時，便會出現四處噬人。古人為防禦牠，便聚集一起，燃起篝火，投入竹子，使其爆裂出巨響，把「年」嚇跑，如此便能保證一夜平安無事。翌日清晨相互道賀，慶祝平安的生活。年復一年，便形成一個歡樂的節日，叫做「過年」。

從古代「臘祭」、「過年」到現在的春節，形成了很多風俗，時代相傳。春節，不僅是漢族的主要傳統佳節，也是中國各少數民族共同歡度的節日。雖其祭祀儀式和所表現的心理狀態相同，但其節日風俗習慣又因族別、地域之分而不盡相同。

腦補知識

春節為什麼要給壓歲錢

春節拜年時，長輩要將事先準備好的壓歲錢分給晚輩，晚輩得到壓歲錢就可以平平安安度過一歲。

壓歲錢有兩種，一種是以彩繩穿線編作龍形，置於床腳，此記載見於《燕京歲時記》；另一種是最常見的，即家長將錢放入紅紙袋裡贈予孩子。壓歲錢可在晚輩拜年後當眾發送，也可在除夕夜孩子睡著時，由家長偷偷地放在孩子的枕頭底下。

關於壓歲錢，還有一個流傳很廣的故事。古時候，有一種小妖叫「祟」，大年三十晚上會出來，用手去摸熟睡著的孩子的頭，孩子往往嚇得哭起來，接著頭痛發燒，變成傻子。因此，家家都在這天，亮著燈坐著不睡，叫做「守祟」。

有一家夫妻倆老年得子，視為心肝寶貝。到了大年三十的夜晚，他們怕「祟」來害孩子，就拿出八枚銅錢與孩子玩。孩子玩累睡著了以後，他們就把八枚銅錢用紅紙包著，放在孩子的枕頭下，夫妻倆不敢闔眼。半夜裡一陣陰風吹開房門，吹滅了燈火，「祟」剛伸手去摸孩子的頭，枕頭邊就散發一道道閃光，嚇得「祟」逃跑了。第二天，夫妻倆把用紅紙包八枚銅錢嚇退「祟」的事告訴了大家，以後大家都學著做，孩子就能平安無事了。原來，這八枚銅錢是八仙變的，暗中來保護孩子。因為「祟」與「歲」同音，之後逐漸演變為「壓歲錢」。

壓歲錢的風俗淵源久遠，它代表著長輩對晚輩的美好祝福，也是長輩送給孩子的護身符，保佑孩子在新的一年裡健康吉祥。

過年貼對聯的習俗

春節是中國民間最隆重的傳統節日，是農曆中一年的開始。每到這時，家人團聚，熱烈慶祝，稱為「過年」。

過年時，家家戶戶都喜歡寫春聯、貼春聯，用吉祥的語句表達對新的一年的祝願與期盼。因此，春聯也成為中國節日傳統文化的一部分了。

其實，過年貼春聯與道教的一些傳統有關。春聯的前身叫做「桃符」，例如「總把新桃換舊符」的詩句，說的就是桃符。桃符是用桃木版製成的，最初上面並不寫字，而是畫著道教所尊奉的門神神荼和鬱壘的畫像，用意是驅鬼避邪。因為道教相信鬼怪邪祟都懼怕桃木，桃木能治百鬼。

後來，一些文人為了顯露自己的才華，便開始在桃木板刻上佳句和祈願，使得桃符板逐漸失去了原來的意義。人們在上面寫一些吉利的詩句，久而久之便形成了現在貼春聯的習俗。

春節貼春聯的習俗在中國有著悠久的歷史。它興起於五代十國時期，明清兩代尤為興盛，發展到今天已經有一千多年的歷史。據史書記載，後蜀有位君主叫孟昶（ㄔㄤˇ）。一年除夕時，他心情很好，便讓身邊的翰林學士辛寅遜在桃木板上寫兩句吉祥話，想掛在自己臥房門口。當辛寅遜寫完後，孟昶看了不中意，於是提起筆來，親自寫了十個字：「新年納餘慶，佳節號長春」。字雖不多，但這兩句話非常吉利。「餘慶」就是餘福，意思是新的一年又接受新的福氣；第二句是美好的節日叫做春節，意味著溫暖的春天永駐人間。這十個字不僅對仗工整，而且把「新春佳節」四個字巧妙地嵌在了裡面。所以當孟昶寫完，身邊的大臣們都叫好，孟昶自然也很高興。從這以後，桃符就逐漸演變成對聯，後來桃木又被紅紙所代替。

端午節的特殊含義

每年的農曆五月初五為端午節，又稱端陽節、女兒節、午日節、五月節、艾節、端五、重五、夏節、天中節、浴蘭節、屈原日、詩人節等。雖然名稱不同，但各地人民過節的習俗是相同的。這一天必不可少的活動有吃粽子、賽龍舟、掛菖蒲、蒿草、艾葉、薰蒼術、白芷，懸鍾馗像，喝雄黃酒、繫百索子、做香角子、貼五毒、貼符、放黃煙子、吃十二紅等。

關於端午節的由來的傳說有很多種。第一個傳說就是源於紀念屈原，第二個是源於紀念伍子胥。相傳伍子胥是楚國人，父兄被楚王所殺，後來子胥棄暗投明，奔向吳國，助吳伐楚，五戰而入楚都郢城。當時楚平王已死，子胥掘墓鞭屍三百，以報殺父兄之仇。吳王闔廬死後，其子夫差繼位，吳軍士氣高昂，百戰百勝，越國大敗，越王勾踐請和，夫差許之。子胥建議應徹底消滅越國，夫差不聽，吳國大宰，受越國賄賂，讒言陷害子胥，夫差信之，便賜子胥寶劍，子胥以此死。

子胥本為忠良，視死如歸，在死前對鄰舍人說：「我死後，將我眼睛挖出懸掛在吳京之東門上，以看越國軍隊入城滅吳。」然後自刎而死，夫差聞言大怒，令取子胥之屍體裝在皮革裡，於五月五日投入大江，因此相傳端午節亦為紀念伍子胥之日。

端午節的第三個傳說源於紀念東漢孝女曹娥。相傳曹娥是東漢上虞人，父親溺於江中，數日不見屍體。當時孝女曹娥年僅十四歲，晝夜沿江號哭。過了十七天，在五月五日這天也投了江，五日後抱出父屍。就此傳為神話，繼而相傳至縣府知事，令度尚為之立碑，讓他的弟子邯鄲淳作誄辭頌揚。

孝女曹娥的墓就在現在的浙江紹興，後傳曹娥碑為晉王義所書。後人為紀念曹娥的孝節，在曹娥投江之處興建曹娥廟，她所居住的村鎮改名為曹娥鎮，曹娥殉父之處定名為曹娥江。

現代又有一種端午節源於古越民族圖騰祭的說法。近代大量出土文物和考古研究證實：長江中下游廣大地區在新石器時代，有一種以幾何印紋陶為特徵的文化遺存。該族屬，據專家推斷是一個崇拜龍的圖騰的部族，史稱百越族。出土陶器上的紋飾和歷史傳說示明，他們有斷髮紋身的習俗，生活於水鄉，自比是龍的子孫。他們的生產工具大都還是石器，也有鏟、鑿等小件的青銅器。作為生活用品的罈罈罐中，燒煮食物的印紋陶鼎是他們所特有的，也是他們族群的標誌之一。直到秦漢時代尚有百越人，端午節就是他們創立用於祭祖的節日。在數千年的歷史發展中，大部分百越人已經融合到漢族中了，其餘部分則演變為南方少數民族，因此，端午節成了全中華民族的節日。

腦補知識

端午節為什麼有划龍舟的習俗

在端午這天，家家戶戶都要參加或參觀龍舟競賽，這是為什麼呢？

相傳，這些民俗活動是為紀念偉大的愛國詩人屈原。屈原是楚國三閭大夫、詩人，由於受到奸臣誹謗，昏庸的楚王不但不採納他聯齊抗秦的主張，反而放逐了他。西元前二七八年，秦軍攻破楚國的國都。屈原聽到這一消息，非常悲痛，五月五日他懷石投入汨羅江，以身殉國。人們從四面八方划著船趕來搶救，把粽子投入江中給魚蝦吃，免得牠們傷害屈原的屍體。這就是端午節划龍舟吃粽子的來歷。

其實，「龍舟競渡」早在戰國時期就有了。刻劃成龍形的獨木舟在急鼓聲中，做競渡遊戲，以娛神與樂人，是祭儀中半宗教、半娛樂性的節目。因為愛國詩人屈原品德高尚，詩篇感人，人們敬重他，便把這些活動和救屈原聯繫起來。從此，這傳說很快傳遍華夏大地。到了宋代，朝廷正式把五月五日定為端午節。

賽龍舟除紀念屈原之外，在各地人們還賦予了不同的寓意。江浙地區划龍舟，同時具有紀念在當地出生的近代女民主革命家——秋瑾的意義。夜龍船上，張燈結綵，來往穿梭，水上水下，情景動人，別具情趣。貴州苗族人民在農曆五月二十五至二十八舉行「龍船節」，以慶祝插秧勝利和預祝五穀豐登。雲南傣族則在潑水節賽龍舟，紀念古代英雄岩紅窩。不同民族、不同地區，划龍舟的傳說有所不同。直到今天，在南方不少臨江河湖海的地區，每年端節都會舉行富有特色的龍舟競賽活動。

端午節插艾草的由來

在民間傳說中，艾草就是神仙的寶劍。相傳在遠古時代，水怪想淹沒百姓居住的地方來做牠的地盤，被天上的神仙知道了，神仙憐憫地上的百姓，便想了一個方法。神仙砍了艾草和菖蒲做成寶劍，先去找水怪決鬥。經過了幾天幾夜以後，神仙終於勝利了。水怪答應神仙，只要是神仙的子孫，牠就不去侵犯；如果做不到，就讓神仙做法砍死。神仙答應了，於是雙方約定，只要在牆上掛艾草和菖蒲的人家，就屬於神仙；沒有的，就歸水怪所有。

到端午的時候，水怪乘著浪頭來了。當來到一戶戶人家的屋簷下時，水怪總會看見屋簷下掛著一束像寶劍一樣的艾草和菖蒲。跑了許多的地方，只淹了一些沒人住的空房子。最後，水怪只好悻悻然地回去了。

原來那天決鬥後，神仙就把手中用來做寶劍的艾草和菖蒲撒到了人們住的房子上面，所以到了端午才出現了這樣的情景。後來，每逢端午節，人們就會在自己家的牆上掛一些艾草和菖蒲，來嚇退水怪，以此來保存自己的房屋和財產

其實，古人插艾草是與防病有點關係，比如山西省的解州端午，男女戴艾葉稱為「去疾」；幼童則在脖子上繫百索，據說是「為屈原縛蛟龍」。陝西省同官縣端午以蒲艾、紙牛貼門，稱為「鎮病」。而經查資料得知，艾，又名家艾、艾蒿，它的莖、葉都含有揮發性芳香油，所產生的奇特芳香可驅蚊蠅、蟲蟻，淨化空氣。中醫學上以艾入藥，有理氣血、暖子宮、祛除寒溼的功能。將艾葉加工成「艾絨」，是灸法治病的重要藥材。

在屈原的傳說尚未廣泛流傳前，端午節是自古相傳的「衛生節」，以保健、避疫為主要目的。有地方民諺說：「清明插柳，端午插艾。」在端午節，人們把插艾和菖蒲作為重要內容之一。家家都灑掃庭除，以菖蒲、艾條插於門眉，懸於堂中，並用菖蒲、艾葉、榴花、蒜頭、龍船花製成人形或虎形，稱為艾人、艾虎；再製成花環、佩飾，整體美麗芬芳，婦人爭相佩戴，用以驅瘴。而這些活動也反映了中華民

族的優良傳統。

有些地方還把艾草、菖蒲和蒜稱為「端午三友」。南北朝時，端午又稱為「沐蘭節」，荊楚一帶有採艾的習俗。採艾要在雞未鳴以前就出發，挑選最具人形的艾草帶回去掛在門上。端午期間，時近夏至，正是寒氣暑氣交互轉換之時，從飲食到穿衣、行動都得注意。寶山縣有諺語道：「未吃端午粽，寒衣不可送；吃了端午粽，還要凍三凍。」古時，人們缺乏科學觀念，誤以為疾病皆由鬼邪作祟所至，於是端午節這天，人們就以菖蒲作寶劍，以艾作鞭子，以蒜頭作錘子，稱之為「三種武器」，認為他們可以退蛇、蟲、病菌，斬除妖魔。

臘八節的來歷

在中國民間，人們習慣把農曆的十二月稱為臘月，把臘月初八稱為臘日或臘八，並將其當作一個傳統節日，即臘八節來對待。而許多與臘月或臘八有關的習俗也往往都被冠以「臘」字。

「臘」在古代原本是一種歲終進行的祭祀名稱。在古代農業社會，人們的許多風俗習慣都與農業生產有著密切的關係。每當豐收，人們便認為這是天地諸神及祖先幫助、庇佑的結果，於是便會舉行盛大的祭典，來祭祀掌管風、雨、田、農的天地諸神和家族的祖先，以示感謝，並祈求來年風調雨順；又因為在農民的生活中，人們春耕、夏耘、秋收、冬藏，前三季都是較為繁忙，只有冬藏之季比較空閒，所以，臘祭常於年底舉行。久而久之，人們就把舉行臘祭的歲終之月稱為「臘月」了。

但是，當時臘祭的日期並不固定，規定在每年冬至後的第三個戌日舉行，並將這個日子稱為「臘日」。將「臘日」定為每年的「臘月初八」則始於南北朝時代。

華人有在臘八節吃臘八粥的習俗。臘八粥的來歷與一則佛教傳說有關，傳說釋迦牟尼成佛之前，曾絕欲苦行六載，並因此而變得形銷骨立，體虛神衰。某日，到尼連禪河沐浴後，餓昏倒地。後來路人以雜糧摻野果，用清泉煮粥，釋迦牟尼喝完粥後，恢復了體力，在菩提樹下苦思靜修，並終於在農曆十二月初八這天覺悟正法，得道成佛。後來，佛家便定此日為「佛成道日」，並在每年的這天舉行盛大的法會，以示紀念。

臘八節也是春節的序幕。從這一天起，許多人家就開始忙於殺豬、打豆腐、醃製臘肉、採購年貨，使年的氣氛日漸濃厚。而現在的臘八節已經沒有了最初的那些敬神供佛、祭祖逐疫的迷信色彩，流傳的節俗也僅剩臘八粥這一項了。

腦補知識

臘八蒜

在老北京的一些人家，一到臘月初八，過年的氣氛就一天接著一天，華北大部分地區在臘月初八這天都有用醋泡蒜的習俗，這種蒜叫「臘八蒜」。

據老一輩的人講，臘八蒜的蒜字和「算」字同音，就是說各家商號都要在這天清算，把一年的收支算出來，列出盈虧。其中欠款和債務，都要在這天算清楚，「臘八蒜」的由來便是如此。臘八這天，債主要送信到欠款者的家裡，讓其準備還錢。北京城還有一句民諺：「臘八粥、臘八蒜，放帳的送信兒，欠債的還錢。」後來有些欠款者就用蒜代替「算」字，以示忌諱，迴避這個算帳的「算」字，不過欠他人的錢財終究是要歸還的。

泡臘八蒜要用紫皮蒜和米醋，將蒜瓣去老皮浸入米醋中，裝入小罈封嚴，至除夕開封。那時的蒜瓣色澤呈現翠綠，酸香的辛辣味融在一起，撲鼻而來，是吃餃子的最佳佐料，或者是拿來拌涼菜也可以，味道獨特。

至於泡臘八蒜為什麼得用紫皮蒜？因為紫皮蒜瓣小，容易泡透，泡出的蒜擁有脆香的口感；而泡臘八蒜得使用米醋的原因，是因為米醋的色澤較淡，泡過的蒜色澤如初，橙黃翠綠，口感酸辣適中，香氣濃郁之外也帶點微甜。用老醋或熏醋泡出來的蒜，通常色澤發黑，蒜瓣也不夠翠綠，口感較差，尤其是熏醋，通常略帶糊味。

元宵節的由來

元宵節是中國的傳統節日，早在兩千多年前的西漢就有了。元宵節的習俗十分豐富，人們會在晚上「鬧花燈」，即張燈、觀燈，或是進行猜謎的遊戲，俗稱打燈虎。而人們除了放煙火，還會在元宵節夜晚一起吃湯圓。

關於元宵節的由來，有三種說法。第一種說法，元宵節是漢文帝時為紀念「平呂」，也就是紀念「平定諸呂之亂」而設。漢高祖劉邦死後，呂后之子劉盈登基為漢惠帝。惠帝生性懦弱、優柔寡斷，大權漸漸落到呂后手中。漢惠帝逝世後，呂后獨攬朝政，把劉氏天下變成了呂氏天下。朝中老臣和劉氏宗室深感憤慨，但都懼怕呂后的殘暴而敢怒不敢言。直到呂后逝世後，呂氏大臣們惶恐不安，害怕遭到傷害和排擠。於是，在上將軍呂祿家中祕密集合，共謀作亂之事，以便徹底奪取劉氏江山。此事傳至劉氏宗室齊王劉囊耳中，劉囊為保劉氏江山，決定起兵討伐諸呂，隨後又與開國老臣周勃、陳平取得共識，解決了呂祿，「諸呂之亂」終於被徹底平定。平亂之後，眾臣擁立劉邦的第二個兒子劉恆登基，稱漢文帝。文帝深感太平盛世來之不易，便把平息「諸呂之亂」的正月十五，定為與民同樂日，京城裡家家張燈結綵，以示慶祝。因為正月為元月，「夜」在古語中也叫做「宵」，於是漢文帝就將正月十五這天定為「元宵節」。不過，當時還沒有張燈、觀燈的習俗。

第二個傳說是漢武帝時，「太一神」的祭祀活動定在正月十五。司馬遷創建「太初曆」時，就已將元宵節確定為重大節日。

第三種說法與東方朔和元宵姑娘有關。相傳，漢武帝有個寵臣名叫東方朔，他善良又風趣。有一年冬天，下了幾天大雪，東方朔就到御花園去替武帝折梅花。剛進園門，就發現有個宮女淚流滿面地準備投井。東方朔慌忙上前營救，並詢問她要自殺的原因。原來，這個宮女名叫元宵，家裡還有雙親及一個妹妹。自從她進宮以後，就再也無緣和家人見面。每年到了臘盡春來的時節，就比平常更加思念家人，覺得不能在雙親跟前盡孝，不如一死了之。東方朔聽了她的遭遇，深感同情，就向她保證，一定設法讓她和家人團聚。

一天，東方朔出宮在長安街上擺了一個占卜攤，不少人都爭相請他占卜求卦。不料，每個人所占所求，都是「正月十六火焚身」的籤語。一時之間，長安裡引起了很大的恐慌。人們紛紛求問解災的辦法。東方朔就說：「正月十三日傍晚，火神會派一位赤衣神女下凡查訪，她就是奉旨燒長安的使者，我把抄錄的偈語給你們，可讓當今天子想想辦法。」說完，便扔下一張紅帖，揚長而去。老百姓拿起紅帖，趕緊送到皇宮去稟報皇上。漢武帝接過來一看，只見上面寫著：「長安在劫，火焚帝闕，十五天火，焰紅宵夜。」他心中大驚，連忙請來了足智多謀的東方朔。東方朔假裝想了想，就說：「聽說火神最愛吃湯圓，宮中的元宵不是經常為你做湯圓嗎？十五晚上可讓元宵做好湯圓。萬歲焚香上供，傳令京都家家都做湯圓，一齊敬奉火神。再傳諭臣民一起在十五晚上掛燈，滿城點鞭炮、放煙火，營造出滿城大火的模樣，這樣就可以瞞過玉帝了。此外，通知城外百姓，十五晚上進城觀燈，混雜在人群中一同消災解難。」武帝聽後十分高興，就傳旨照東方朔的辦法去做。

到了正月十五日這天，長安城裡張燈結綵，遊人熙來攘往，熱鬧非常。宮女元宵的父母也帶著妹妹進城觀燈。當他們看到寫有「元宵」字樣的大宮燈時，驚喜的高喊：「元宵！元宵！」元宵聽到喊聲，終於和家裡的親人團聚了。如此熱鬧了一夜，長安城果然平安無事。漢武帝大喜，便下令以後每到正月十五都做湯圓供奉火神，正月十五照樣全城掛燈放煙火。因為元宵做的湯圓最好，人們就把湯圓叫元宵，而把這天叫做元宵節。

清明節的習俗

清明節是中國民間重要的傳統節日，一般是在西曆的四月五日。但清明節的節期很長，有十日前八日後及十日前十日後兩種說法，近二十天內均屬清明節。清明是一個很重要的節氣，清明一到，氣溫升高，正是春耕春種的大好時節，故有「清明前後，種瓜點豆」、「植樹造林，莫過清明」的農諺。

清明節的起源，據說清明節傳始於古代帝王將相「墓祭」之禮，後來民間亦相仿效，於此日祭祖掃墓，歷代沿襲，成為中華民族一種固定的風俗。清明節大約始於周代，已有兩千五百多年的歷史。

清明節是中國的傳統節日，也是最重要的祭祀節日，是祭祖和掃墓的日子。其實掃墓乃清明節前一天寒食節的內容，寒食相傳起源於晉文公悼念介子推一事。唐玄宗開元二十年詔令天下「寒食上墓」。因寒食與清明相接，後來就逐漸演變成清明掃墓。明清時期，清明掃墓更為盛行。

掃墓俗稱上墳，是祭祀死者的一種活動。漢族和一些少數民族大多是在清明節掃墓。按照舊的習俗，掃墓時，人們要攜帶酒食果品、紙錢等物品到墓地，將食物供祭在親人墓前，再將紙錢焚化，為墳墓培上新土，折幾枝嫩綠的新枝插在墳上，然後叩頭行禮祭拜，最後吃掉酒食回家。唐代詩人杜牧的詩〈清明〉中寫道：「清明時節雨紛紛，路上行人欲斷魂。借問酒家何處有？牧童遙指杏花村。」寫出了清明節的特殊氣氛。

直到今天，清明節祭拜祖先、悼念已逝親人的習俗仍很盛行。清明節的習俗在中國南方和北方地區的規模、方式不盡相同。民間還有插戴柳枝、放風箏、取薪火、畫蛋、鬥雞、盪鞦韆等活動。此習俗也流行於白族、苗族、蒙古族、納西族等少數民族。在越南、韓國、琉球等地，清明節也是重要的節日。

腦補知識

清明菜粑

在貴州安順屯堡一帶，人們把一種在清明節時期才會有的一種野生植物——清明菜（本地話又稱為毛毛花，因其形似一朵花，且桿上面有許多小毛毛）和麵粉混合，透過一種獨特的手工工藝做成「粑粑狀」，再包上餡料（一般是本地春菜拌肉、蘇麻籽拌紅糖，酸辣子炒肉等），透過屯堡一帶一種獨特的土砂鍋，在煤火上煎烤成清明菜粑。每年清明節，屯堡的家家戶戶都會做。由於清明菜是一種纖維植物，一口咬下去會有「拔絲」的現象，口感極好，可當零食之外也可當主食，而且能放置很長的時間。據說是在明朝朱元璋時，百姓為行軍打仗的士兵隨身攜帶方便而做。

中秋吃月餅的節俗

吃月餅賞月的風俗源於上古初民對月的崇拜。相傳在中國古代，帝王就有春天祭日、秋天祭月的禮制。在民間，每逢八月中秋，也有左右拜月或祭月的風俗。月餅最初就是用來祭奉月神的祭品。

但是，吃月餅並不是自古以來就與中秋節有關。初唐時，只有農曆八月初一是節日，而無十五這個節日。相傳唐玄宗曾於八月十五日夜遊月宮，民間才把八月十五日這一天作為中秋節。

到了中唐，人們在八月十五日之夜登樓觀月，而當時還沒有出現月餅。據史料記載，月餅作為一種食品名稱，最早出現在南宋人編寫的《武林舊事》一書中。不過當時的月餅與中秋節毫不相關，那時的月餅與現代月餅亦大不相同，只是作為蒸食在飲食市場出現而已。

月餅與中秋節的歷史淵源是在明代時期。對中秋賞月、吃月餅的描述，最早出現在明代的《西湖遊覽志會》：「八月十五日謂之中秋，民間以月餅為食，取團圓之義」。相傳，朱元璋領導漢族人民反抗元朝暴政，約定在八月十五日這一天起義，以互贈月餅的辦法把字條夾在月餅中傳遞消息。明洪武元年（西元一三六八年），朱元璋在應天府稱帝。八月初二，徐達攻下元大都，消息傳來，朱元璋連忙高興地傳下口諭，在即將來臨的中秋節，讓全體將士與民同樂，並將當年起兵時以祕密傳遞資訊的「月餅」作為節令糕點賞賜群臣。此後「月餅」的製作愈來愈精細，品種也愈來愈多，大者如圓盤，成為饋贈的佳品。中秋節吃月餅的習俗便在民間傳開。

也有說月餅最初起源於唐朝軍隊祝捷食品。唐高祖年間，大將軍李靖征討匈奴得勝，八月十五日凱旋而歸。當時有經商的吐魯番人向唐朝皇帝獻餅，以示慶祝勝利。唐高祖李淵接過華麗的餅盒，拿出圓餅，笑指空中明月說：「應將胡餅邀蟾蜍。」說完便把餅分給底下的群臣們一起品嘗，於是形成了中秋吃月餅之習俗。

不管人們是把月餅當作節日食品，還是用它祭月，或者用於贈送親友，總之，這個習俗是百姓希望太平康樂、全家團圓的一種心理反映。

復活節的由來

復活節是基督教紀念耶穌復活的宗教節日。傳說耶穌死後第三天，幾個女人發現耶穌的墳墓空了，接著祂便在女人們及其門徒們面前顯現，並和他們同食、談話。其中一個門徒不相信眼前的耶穌是真實的，執意將手指探入耶穌十字架上的釘痕不可。在接下來的四十天中，更有數以百計的人目擊了復活的耶穌，直到祂升天。而耶穌復活的這一日，就被稱為復活節。

每年春分過去，第一次月圓後的第一個星期日就是復活節。早年在基督教會中對復活節的日期曾經有過爭議，甚至一度引起混亂，直到西元三二五年，教士會議才決定整個教會統一在一天慶祝復活節。

復活節有不少傳統的慶祝活動，蛋就是復活節最典型的象徵。古時人們常把蛋視為多子多孫和復活的象徵，因為它孕育著新的生命。後來基督教徒又賦予新的涵義，認為蛋是耶穌墓的象徵，未來的生命就是從其中掙脫，從而獲得新生。在復活節，人們常把蛋染成紅色，代表耶穌受難時流的鮮血，同時也象徵復活後的快樂。還有一種古老的習俗，是把煮熟的彩蛋送給街頭的孩子們玩遊戲。孩子們會讓彩蛋從山坡上滾下，誰的蛋最後破，誰就獲得勝利，全部彩蛋都歸那人所有。美國白宮每年也玩這種遊戲，只不過是把蛋放在草坪上滾動而已。

兔子也是復活節的象徵。現在每逢復活節，美國各間糖果店都會販售用巧克力製成的復活節小兔和彩蛋。小顆的彩蛋和雞蛋大小差不多，而大顆的彩蛋甚至有甜瓜那麼大，孩子們吃起來津津有味。送給親戚朋友，也不失為上佳禮品。

復活節的傳統食品是肉食，主要有羊肉和火腿，兩者皆具有一定的涵義。據《聖經》記載，上帝為了要考驗亞伯拉罕，讓他把獨生子以撒獻為燔祭。亞伯拉罕果真照辦。就在他舉刀要殺以撒時，上帝命天使阻止了他。這時，亞伯拉罕正好發現一隻公羊，便把它取過來獻為燔祭，代替了他的兒子。因此用羊祭祀也是過節的一個老傳統，羔羊象徵著耶穌的獻身。至於吃火腿，據說是英國人的遺俗，以示對猶太人禁止肉食這一規矩的蔑視。後來此習俗便被英國移民帶到美國。

感恩節的由來

感恩節是北美洲獨有的節日，始於一六二一年。一八六三年，美國總統林肯將感恩節定為國家假日，並且規定每年十一月的第四個星期四為美國的感恩節。感恩節有四天的假期。藉著長假，很多人都會趕回家慶祝佳節，所以美國感恩節的熱鬧程度絕不亞於中國的中秋節。

感恩節是美國國定假日中最傳統、最美國式的節日，它和早期美國歷史關係十分密切。感恩節起源於麻塞諸塞普利茅斯的早期移民。這些移民在英國被稱為清教徒。在十六世紀末至十七世紀初，當北美洲的大部分地區還是尚未開墾的土地時，位於大西洋彼岸的英國正在進行轟轟烈烈的宗教改革運動。此時的英王詹姆士一世獨尊國教，大肆打壓其他宗教，並主張信奉喀爾文主教。不滿國教的清教徒對英國教會的宗教改革感到十分不滿，而英王及英國教會又對清教徒實行政治鎮壓和宗教迫害，所以這些清教徒選擇脫離英國教會，遠走荷蘭。後來決定遷居到大西洋彼岸那片杳無人煙的土地上，希望能按照自己的意願信教，自由地生活。

一六二〇年九月，清教徒的著名領袖布雷德福召集了一百零二名同伴，登上了「五月花」號帆船，於十二月二十六日到達了美國的普利茅斯港，準備開始新的生活。然而，這些移民根本不適應當地環境，第一年冬天過後只有五十人倖存。第二年春天，當地印第安人送給他們很多必需品，並教會他們如何在這塊土地上耕作。這年秋天，移民們獲得了大豐收。十一月底，移民們邀請印第安人享用玉米、南瓜、火雞等製成的佳餚，感謝他們的幫助，也感謝上帝賜予了一個大豐收。自此，感恩節變成了美國的固定節日。

情人節的由來

情人節，又稱「聖瓦倫丁節」。起源於古代羅馬，於每年二月十四日舉行，現已成為歐美各國年輕人喜愛的節日。

關於「聖瓦倫丁節」名稱的來源，說法不一。第一種說法認為情人節來源於古羅馬的牧神節，據說鳥類在這一天開始交配。那時的風俗是，在牧神節期間，每位年輕男子要從一個盒子裡抽籤，盒子裡放的是寫有年輕女子姓名的紙條。抽到哪一位女子，那位女子就會成為那位年輕男子的心上人。後來，這個節日改為紀念一位叫瓦倫丁的基督教聖徒。古羅馬的年輕基督教傳教士瓦倫丁冒險傳播基督教義，被捕入獄，感動了老獄吏和他雙目失明的女兒，傳教士便得到了他們的悉心照料。臨刑前，瓦倫丁給獄史的女兒寫了一封信，表明了自己的愛意。在瓦倫丁被處死的當天，失明的女孩在他墓前種了一棵開紅花的杏樹，以寄託自己的情思。這一天就是二月十四日。自此以後，基督教便把二月十四日定為「情人節」。

第二種說法為古羅馬時期，二月十四日是表示對朱諾的尊敬而設立的節日。朱諾是羅馬眾神的皇后，而羅馬人也同時將她尊奉為婦女和婚姻之神。接下來的二月十五日則被稱為「盧帕撒拉節」，是用來表達對朱諾管理的其他眾神表示尊敬的節日。

在古羅馬，少年和少女的生活是被嚴格分開的。然而在盧帕撒拉節，少年們可以選擇一個自己心愛的女孩，並將其名字刻在花瓶上。這樣在過節的時候，少年們就可以與自己選擇的女孩一起跳舞，慶祝節日。如果被選中的女孩也對少年有意的話，他們便可配對，最終墜入愛河並一起步入教堂結婚。後人為此將每年的二月十四日定為情人節。

第三種說法是，情人節是為了紀念修士瓦倫丁。大約在西元三世紀，羅馬有一位暴君叫克勞狄烏斯。當時羅馬內外戰爭頻傳，民不聊生。為了補足兵員，將戰爭進行到底，克勞狄烏斯下令，凡是一定年齡範圍內的男子都必須加入羅馬軍隊，以生命為國家效勞。自此，丈夫離開妻子，少年離開戀人，整個羅馬都被籠罩在愁雲慘淡的情緒之中。對此，暴君大為惱火。為了達到自己的目的，他下令禁止國人舉行結婚典禮，甚至要求已經結婚的伴侶毀掉婚約。

在暴君的國都裡，居住著一位德高望重的修士，他就是瓦倫丁。他不忍看到一對對伴侶就這樣被拆散，於是為前來請求幫助的情侶祕密主持上帝的結婚典禮。一時間，這一個令人振奮的消息在整個國度傳開，更多的情侶祕密趕來請求修士的幫助。

然而事情很快就被暴君知曉，他派士兵把瓦倫丁押進大牢，最終折磨致死。那一天正好是二月十四日。人們為了紀念瓦倫丁，將二月十四日作為一個節日，也就是情人節。

腦補知識

中國的情人節

中國還有三個節日可以稱為「情人節」。第一個是七夕節（農曆七月初七）。有些人把中國的傳統節日元宵節或七夕稱作「中國的情人節」。在漢代，慶祝七夕已經很普遍了，但在傳統中，其實慶祝七夕的內容與情侶約會之類的活動無關，只是祈求、許願的節日。後來，牛郎織女在七夕鵲橋相會的傳說，才真正賦予了七夕節等同於情人節的含義。

第二個是元宵節（農曆正月十五），習俗上比較近似情人節。在唐代古詩中就有描寫元宵節的詩句，宋代朱淑真（有另一說為歐陽修所作）的生查子寫道：「月上柳梢頭，人約黃昏後。」也是印證該節日為情人節的說法。

第三個就是上巳節（農曆三月初三）。現在一些少數民族所流行的上巳節（又稱三月三）更符合情人節的內容，上巳節本來是年輕男女踏青、社交、認識異性的一個節日，漢代之前更有野合（指在野外過夜並發生關係）的習俗。後來禮教興起，野合的習俗消失，但當時男女交往還是比後世自由，年輕男女依然會在當天到郊外踏青遊玩。到南宋時理學興起，禮教變得森嚴，上巳節在漢代民族文化中的地位才逐漸落沒。

耶誕節的由來

每年的十二月二十五日是基督教徒紀念耶穌誕生的日子，稱為耶誕節。隨著基督教的廣泛傳播，耶誕節已成為各教派基督徒、甚至已成為非基督徒也可大肆慶祝的一個重要節日。

在西方國家裡，當地人們非常重視這個節日，並把耶誕節和新年的日期連在一起。而其慶祝活動之熱鬧與隆重程度遠超過了新年，成為一個全民的節日。

耶誕節的主要紀念活動皆與那穌降生的傳說有關，據說耶穌是因聖靈成孕，由瑪利亞所生的。神派遣使者加百列在夢中告訴瑪利亞的丈夫約瑟，不要因為瑪利亞未婚懷孕而拋棄她，反而要與她成親，並給那孩子取名為「耶穌」，意思是要這孩子把百姓從罪惡中救出來。當瑪利亞臨盆的時候，羅馬政府下了命令，全部人民到伯利恆務必申報戶籍。約瑟和瑪利亞只好遵命。他們到達伯利恆時，天色已暗，無奈兩人未能找到旅館借宿，只有一個馬棚可以暫住。就在這時，耶穌要出生了，於是瑪利亞唯有在馬槽上生下耶穌。後人為紀念耶穌的誕生，便定十二月二十五日為耶誕節，年年望彌撒，紀念耶穌的降臨。

西方人以紅、綠、白三色為聖誕色，耶誕節來臨時，家家戶戶都要用聖誕色來裝飾。紅色是聖誕花和聖誕蠟燭；綠色是聖誕樹，是耶誕節的主要裝飾品，用塔形的常青樹裝飾而成，上面懸掛著五顏六色的彩燈、禮物和紙花，點燃聖誕蠟燭。

紅色與白色相映成趣的是耶誕老人，他是耶誕節活動中最受歡迎的人物。西方兒童在耶誕夜當天睡覺之前，要在壁爐前或枕頭旁放上一隻襪子，等候聖誕老人在他們入睡後把禮物放在襪子內。在西方，扮演耶誕老人也是一種習俗。

狂歡節的由來

世界上不少國家都有狂歡節（亦稱嘉年華）。該節日起源於古羅馬的農神節，是古代羅馬人和希臘人迎新春的典禮。在中世紀的歐洲，天主教為壓制異教徒的思想，設法取消狂歡節，卻未能成功。於是就把狂歡節納入天主教的年曆。

據說「carnival」一詞原文來自義大利文，字源來自拉丁文「caro」（肉）加上「levare」（除去），原意就是：「肉呀！再見」，或是「減少肉量」。我們常說的嘉年華就是從「carnival」翻譯過來的。有趣的是，本是為了懷念耶穌基督為全人類贖罪而設的節日，四旬節之前的祭典，卻變成了天主教徒犒勞自己的盛大嘉年華會。他們要在四旬節前好好地吃喝玩樂一番，因為之後一直到復活節為止，都禁止食用葷食。天主教規定，復活節前四十天為大齋期。齋期裡，人們禁止娛樂，禁食肉品，要以反省、懺悔的態度來紀念復活節前三天遭難的耶穌，整體氣氛肅穆沉悶。於是在齋期開始的前三天裡，人們會專門舉行宴會、舞會、遊行，放肆地縱情歡樂，故有「狂歡節」之說。而復活節定為春分月圓後第一個星期日，故復活節無固定日子，一般在三月二十一日至四月二十五日之間。確定了復活節再往前推四十一天，即為狂歡節。現代的狂歡節已成為許多國家民族送舊迎新、抒發對自由和幸福生活嚮往的重要節日。

最初，在聖灰（Senzas）星期三（相當於西曆二月的最後一個星期三）之前三天裡，人們戴著假面具走上街頭，相互拋擲臭雞蛋、麵粉和汙濁的水。葡萄牙人本來就喜歡這種惡作劇，巴西當地的黑人奴隸也一同加入其中，他們用麵粉塗滿了臉，從主人家借來舊衣服、舊髮套，毫無節制地玩樂三天。許多黑人奴隸的主人們還會給予三天自由。而他們感謝主人的善舉，一般不藉此機會逃走。

現在歐洲和南美洲地區的人們都慶祝狂歡節。但各地慶祝節日的日期並不相同，一般來說大部分國家都在二月中下旬舉行慶祝活動。各國的狂歡節都頗具特色，但總歸來說，都是以毫無節制的狂歡著稱。

其中最負盛名的屬巴西狂歡節。最早的巴西狂歡節開始於西元一六四一年，當時的殖民統治者為了慶祝葡萄牙國王的壽辰，讓民眾遊行、舞蹈、暢飲娛樂。經過了三百多年的發展，巴西狂歡節吸收了黑人的音樂和舞蹈等內容，逐步由鬧劇、上層社會的豪華假面舞會，變成了全社會各階層共同參與、共同分享的慶典活動，成了民間最重要的節日。燦爛的陽光、繽紛的華麗服裝、熱情奔放的森巴舞以及洋溢在男女老少臉上的笑容，構成了一幅樸質感濃厚的民俗風情畫，原有的宗教氣氛反而被沖淡了。

狂歡節慶祝四天，狂歡的熱浪席捲整個巴西，男女老少披紅掛綠、濃妝豔抹、載歌載舞，人潮絡繹不絕地湧向大街。市面上除了藥店、醫院和酒吧之外，工廠停工、商店關門、學校放假。富人與平民相繼投入當地狂歡的人潮。人們忘掉了富裕和貧窮，忘掉了憂愁和煩惱，忘掉了緊張和疲勞，只有歡樂愉悅的氣氛。此時，全國上下不分高低貴賤，不分種族膚色，都似一道道歡樂的浪花匯入了歡樂的海洋。這種歡樂的氣氛也感染著來自異鄉的旅行者，不少外國人也情不自禁地融入其中。

愚人節的由來

愚人節也稱萬愚節，是西方國家的民間傳統節日，節期在每年四月一日。愚人節與古羅馬的嬉樂節、印度的侯麗節有相似之處。在時間的選擇上，與「春分」接近。在這個時間，天氣常常突然變化，彷彿是大自然在逗弄人類。

對於愚人節的起源眾說紛紜，比較普遍的說法是起源於法國。一五六四年，法國首先採用新改革的紀年法格里曆，以一月一日為一年之始。但是一些因循守舊的人反對這種改革，依然按照舊曆固執地在四月一日這一天送禮物來慶祝新年。主張改革的人們對這些守舊者的做法大加嘲弄，接著就有人在四月一日就給守舊者送假禮品，或邀請守舊者參加假招待會，並且把上當受騙的守舊派稱為「四月傻瓜」或者「上鉤的魚」。從此，人們在四月一日互相愚弄便成為法國流行的風俗。十八世紀初，愚人節習俗傳到英國，接著又被英國的早期移民帶到了美國。

還有一種說法認為，愚人節起源於一個很有名的希臘神話傳說。農業女神狄蜜特具有無邊的法力，可以使土地肥沃，五穀豐收；也可以令田地荒蕪，萬物凋零。萬神之王宙斯是祂的弟弟，也是祂的丈夫。但宙斯憑藉著神王的地位，到處拈花惹草，給狄蜜特帶來了無數的煩惱，而唯一能夠讓狄蜜特享受生活樂趣的，便是陪伴祂和宙斯所生的女兒——波瑟芬妮。

一天，冥王哈得斯駕車巡視西西里島，代表愛與美的女神阿芙蘿黛蒂讓自己的兒子小愛神厄洛斯舉箭射中哈得斯，讓祂瘋狂地愛上了波瑟芬妮。之後哈得斯找到自己的兄弟，也就是眾神之王宙斯，請求對方允准波瑟芬妮嫁到冥府。很快地，哈得斯順利得到了宙斯的默許，冥王滿心歡喜，立刻返回冥界做好結婚的準備。

一天，波瑟芬妮在田野裡，正欲彎腰採摘一朵野花時，大地突然裂開了一條巨大的裂縫，伴隨著的是哈得斯的出現。冥王駕著金車把波瑟芬妮強行擄走。此時的狄蜜特在一個遙遠的地方，祂聽到了女兒的呼救聲。但當祂以最快的速度回來時，波瑟芬妮已經不見了。此時的狄蜜特只知道女兒被「某人」擄走了，至於這個強盜是誰，卻一點蛛絲馬跡也找不到。而那些知道波瑟芬妮下落的神祇們，卻全都緘口不言。對女兒的愛促使狄蜜特馬不停蹄地找下去。無論哪個神祇說了什麼，祂都深信不疑。然而，事實證明那些都是徹頭徹尾的謊言。發現了真相以後，狄蜜特把滿心的怒火與長久的積怨，都發洩在西西里的農民身上。祂殺死了島上所有的耕牛，令土地堅如鋼鐵，封印住土地裡的種子，讓所有的植物都枯黃凋零。一夕之間，原本生機盎然的島嶼，瞬間變得荒煙漫草、生靈塗炭，到處見不到生機。

當狄蜜特知道自己的女兒已經成了尊貴的冥后，再也無法回到地面上和自己團聚的時候，狄蜜特覺得自己受了眾神的欺騙、愚弄，憤懣和氣惱的情緒又加深了一層。於是狄蜜特更是下了一道命令，讓全世界的植物凋零，讓所有的莊稼全部枯死，大地上不允許出現一絲綠色的生機。而狄蜜特則躲到一個偏僻的地方，不再露面。這一來，把哈得斯弄得心煩意亂、狼狽不堪，眾神也因為得不到人間的祭祀和禮物，一個個餓得面黃肌瘦。宙斯沒辦法，只好讓波瑟芬妮每年有三分之一的時間居住在冥府，另外三分之二的時間則返回人間，侍奉母親狄蜜特。以後，每當波瑟芬妮居住在冥府時，狄蜜特便愁眉不展，大地也是一片蕭條；而當女兒和祂團聚，女神便喜笑顏開，世界也重現奼紫嫣紅、綠意盎然的勃勃生機。

很明顯，在這個故事裡，狄蜜特是一個十足的傻瓜。祂不知道愛神的把戲，不知道丈夫和哈得斯的同謀，事件發生後，又被眾神騙得團團轉，屢屢受騙上當，被人戲弄。此後，人們便設立了愚人節，用善意的謊言告誡那些自以為聰明的人，不要由於輕信，就做出令人貽笑大方的蠢事。

起初，任何美國人都可以複製駭人聽聞的消息，而且不負絲毫的道德和法律責任，政府和司法部門也不會追究。相反，誰編造的謊言最離奇、最能騙取人們信任，誰還會追究事情的真相。但是這種做法給社會帶來不少混亂，引起了人們的不滿。如今，愚人節已經發展成為一個國際性的節日，幾乎在整個歐洲和北美都流行。人們在節日期間的愚弄欺騙已不再像過去那樣離譜，而是以輕鬆歡樂為目的。

隨著時間的推移，愚人節捉弄他人的手法也是花樣翻新、新意百出。比如：新婚的妻子可能會收到舉發丈夫不忠的信件，碌碌無為的公務員會接到提升的人事命令，兒子會接到父親去世的電報；凡此種種，如果有人信以為真，就上了當。學會一笑置之，才符合愚人節與人為善的真諦。

母親節的由來

母親節起源於古希臘。在這一天，古希臘人向希臘眾神之母赫拉致敬。到古羅馬時，這些活動的規模就變得更大，慶祝盛況往往持續達三天之久。當然，古時人們對女神的崇拜只不過是一種迷信，和現如今人們對母性的尊敬是大不相同的。

十七世紀中葉，母親節流傳到英國，英國人把封齋期的第四個星期天作為母親節。在這一天裡，出門在外的年輕人回到家中，探視雙親，並致禮表示敬意。當時，有許多窮苦人必須在富人家裡工作，被迫寄人籬下。而在母親節這一天，主人們會放這些傭人們一次假，鼓勵他們返家與母親團聚。為增加歡樂氣氛，同時也發展出了一種特別的蛋糕，稱為「mothering cake」。

隨著基督宗教在歐洲擴大版圖，這個節日轉為對「母教會」的崇敬，表達人們對於賦予他們生命、保護他們免於傷害的精神力量的感謝。從此，教會的儀式便與母親節的慶祝活動相結合，以同時傳達人們對母親與教會的感念。

現代意義上的母親節起源於美國，由阿曼．賈維斯（西元一八六四年至一九四八年）發起。她終身未婚，一直陪伴在母親身邊，最終賈維斯的母親於一九〇五年去世。兩年後，賈維斯和她的朋友開始寫信給擁有足夠影響力的部長、商人、議員以尋求支持，希望能讓母親節成為一個法定的節日。賈維斯認為，子女經常忽視對母親的感情，她希望母親節能夠讓人充分思考母親為家庭所付出的一切。

第一個母親節於一九〇八年五月十日在西維尼吉亞洲和賓夕法尼亞州舉行，在這個節日裡，康乃馨被選中為獻給母親的花，並以此流傳下來。

一九一四年五月七日，美國國會通過決議，規定每年五月的第二個星期日為母親節，由威爾遜總統在五月九日頒布施行。自此之後，母親節即成為美國全國性的節日。

母親節創立後，得到了全世界各國人民的支援。阿曼．賈維斯在世時，設立母親節的國家已達四十三個。時至今日，歡慶這個節日的國家就更多了。母親節已經成了一個名符其實的國際性節日。按慣例，「國際母親節」被定在每年的五月十一日舉行。雖然有一些國家是在一年中不同的時節慶祝母親節，然而包括臺灣在內的多數國家，如丹麥、芬蘭、義大利、土耳其、澳洲和比利時等等，都是在五月的第二個星期日慶祝母親節的。

腦補知識

母親節的獻花及花語

關於母親節的花語代表：

- 康乃馨，代表魅力、真情、母親我愛妳、溫馨的祝福、熱愛著妳、不求代價的母愛、親情思念等。
- 香草：代表母親品德高尚、高貴的花卉。
- 勿忘我：真實的愛、永恆的愛。
- 臺灣地區送母愛的主流花卉：羽扇豆，花語為母愛。
- 萱草的花語：永遠愛你母親，偉大的母愛，慈母。
- 客家族群裡母親的花語代表：
- 魯冰花：象徵母愛、刻苦耐勞、奉獻。

兒童節的由來

一九四二年六月，德國納粹屠殺了捷克利迪策村十六歲以上的男性公民，總共一百四十餘人和全部嬰兒，並把婦女和九十名兒童押往集中營。村裡的房舍、建築物均被燒毀。第二次世界大戰結束後，世界各地經濟蕭條，成千上萬的工人失業，過著飢寒交迫的生活。兒童的處境更糟，有些兒童得了傳染病，一批批地死去；有的兒童則被迫當童工，受盡折磨，生活和生命得不到保障。

為了悼念利迪策村和全世界所有在德國納粹的侵略戰爭中不幸罹難的兒童，一九四九年十一月，國際民主婦女聯合會在莫斯科舉行理事會議，各國代表憤怒地揭露了帝國主義派和各國反動派殘殺、毒害兒童的罪行。為了保障世界各國兒童的生存權、保健權和受教育權，更為了改善兒童的生活，會議決定以每年的六月一日為國際兒童節。

在此以前，世界上的許多國家就有兒童節。一九二五年，國際兒童幸福促進會提倡建立兒童紀念日，英國、美國、日本等國積極回應，先後建立了自己國家的兒童節。英國規定每年的七月十四日為兒童節；美國規定五月一日為兒童節；日本的兒童節很特殊，分男女兒童節，男兒童節五月五日、女兒童節三月三日。

過生日吹蠟燭的由來

過生日吃蛋糕吹蠟燭的習俗已為人們熟悉，據說這一習俗源於希臘。

在古希臘，人們都信奉月亮女神阿提米絲。月亮女神非常喜歡橡樹，狩獵時一直帶著她的橡樹木杖，人們又把她奉為橡樹女神。在古希臘，人們祭祀月亮女神的時候，就要點燃橡木火把，形成一片神聖的氣氛，以示他們對月亮女神的特殊崇敬之情。後來，人們會在祭壇上擺放蜂蜜餅和許多點亮的蠟燭。隨著時間的推移，由於疼愛孩子，古希臘人在慶祝孩子的生日時，也總愛在餐桌上擺上糕餅等物，在上面又放上許多點亮的小蠟燭，並且加進一項新的活動——吹滅這些點亮的蠟燭。他們相信，燃燒的蠟燭具有神祕的力量，如果這時，過生日的孩子在心中許下一個願望，然後一口氣吹滅所有蠟燭的話，那麼月亮女神會保佑願望能夠實現。於是，吹蠟燭就成為生日宴上有著心想事成之意義的小節目，之後再逐漸發展到不論是在孩子或者是成年人，甚至老年人的生日晚會或宴會上，都有吹蠟燭這個有趣的活動。

握手的由來

史前時期，人類的祖先以打獵為生，世界對他們來說充滿著危險。因此，當陌生人相遇時，如果雙方都懷有善意，便伸出一隻手來，手心向前，向對方表示自己手中沒有石頭或武器。走近之後，兩人互相摸摸右手，以示友好。而在歐洲的中世紀，互不相識的人見面時，如果不是敵人，就放下武器，攤開雙手，以表示自己沒有惡意，然後彼此靠近，握手言歡。這種習慣流傳下來，便發展為今天人們用以表示友好的握手動作。

握手之所以用右手，是因為多數人都習慣使用右手，所以雙方右手相握就不用擔心對方會暗藏凶器了。握手，是雙方解除戒心、放下武器、坦誠相見的一種方式。如今，握手成為社交場合中相互見面和離別時、以及在相互介紹時表示熱情、禮貌、致意的常見禮節。一般是先打招呼或點頭示意，然後相互握手、寒暄致意。關係較親密，還會一邊握手一邊問候。初次見面的話，應先聽完介紹之後再輕輕相握。

晚輩對年長者、身分較低者，對待身分較高者應稍稍鞠躬，用雙手握住對方的手，以示尊敬。男性與婦女握手時，只需握住婦女的手指部分。握手時，雙目應注視對方，微笑致意或問好，不要看著第三者握手。對方如果伸出手來，不要拒絕，以免尷尬。

握手的先後順序是：應由主人、年長者、身分較高者、婦女等先伸手；客人、晚輩、身分較低者，見面時先問候，待對方伸手再握。多人同時握手時，注意不要交叉。而男性在握手前，應先脫下手套、摘下帽子。

記住，不要用左手握手，除非右手有不適之處，否則絕不能用左手與他人握手。尤其是對外國朋友，這一點特別得注意。比如印度人和穆斯林便認為，左手的用途只適用於沐浴和洗手間之事，以不用左手去接觸他人為主。

蒙古人住蒙古包的原因

蒙古族是游牧民族，需要經常遷徙，在草原上，吃完這一片草地就要遷徙到另一片草地。而蒙古包拆裝簡易方便，非常適合游牧這種生活方式。

搭建蒙古包不必嚴格挑選地理位置，只要周圍水土優良就行。蒙古包是一種組合房屋，各個部件都是單獨的，搭蓋時只需兩個人的力氣就足夠。而拆卸蒙古包比搭建更容易，兩個人拆卸所花費的時間只需十分鐘。圍繩、帶子都很容易解開。當帶子解開，氈子和架木就會自動分離，所有材料很快就可以拆卸完成並重新摺疊、收拾完成。

蒙古包以木、氈為基本材料，不用金屬、磚、瓦、水泥等，各部件組裝而成整個蒙古包，每個部件的重量都不重，女性也可以獨自整裝，裝載搬遷都很輕便。而蒙古包所用的材料也不受限地區，材料通常就地取材。哪個部件壞了、舊了，隨時都能把它汰換，維修起來也很方便。

腦補知識

蒙古人的飲食習俗

蒙古人傳統的食物分為三種：第一種是肉製品（紅食），第二種是乳製品（白食），第三種是以奶為原料的飲品。

蒙古人的飲食是有講究的，飲食分夏季和冬季兩個季節。夏季為四到十月，主要食物是乳製品。這一時期，蒙古人在飲食上對肉的需求就相對較少，而冬季則需要食用肉類來增加脂肪，抵抗寒冷。經過冬季幾個月的積累後，到了夏季用乳製品進行消化和吸收。蒙古人從小就吃乳製品，避免過量吃肉，否則對身體健康不利。因此在古代，蒙古人很少有人患上肝、膽和腸胃相關的疾病。

蒙古人早期就知道如何自我保健。在蒙古有一句諺語：「早餐要自己一個人吃，午餐要和朋友分著吃，晚餐要給敵人吃。」意思與臺灣人常說的「早飯吃飽，午飯吃好，晚飯吃少」有異曲同工之處。獨特的飲食文化也造就了蒙古人強悍的體格。

近年來，隨著社會的變遷，蒙古人的飲食結構、飲食器具和飲食模式受西方文化的影響，已逐漸發生了變化。一些牧區雖然還保存著古老的飲食習俗，但可能是受到俄羅斯早期的蘇聯主義以及西方的影響，也已與傳統的飲食習慣大不相同。而在城市，人們的飲食模式則完全西化了。飯桌上除了常出現沙拉、湯、套餐外，還有麵包、奶油、黃油、果醬等西方的食材。

過年倒貼「福」字的由來

春節時候，許多家庭院落的門窗上，往往會看到一些倒貼著的大紅「福」字，這可算得上是中國人民的一個傳統習俗了。那麼，「福」字為什麼要倒著貼呢？

傳說在大年三十，福神奉玉帝旨意下凡，為人間送來一年的福運，大年三十福字應該正著貼，意思為迎接福神上門送福。福神看到了就進這家門，送福送吉祥；十二點一過，福字就要倒著貼，取意為我們家福神來過了，幸福已經進門了，新年幸福的生活開始了！

還有的說法稱「福」字倒貼的習俗來自清代恭親王府。早在清代某一年的除夕，恭親王府的大管家為了討好恭親王，絞盡腦汁地想。接著他想到，恭親王最寵愛的是王妃，只要王妃高興，恭親王也一定會高興。恭親王的王妃叫「福晉」，那就在王妃的稱呼上弄一點巧思。於是，大管家就親自寫了很多個大大的「福」字，並叫人貼在王府的大門上、窗子上和庫房上，期待恭親王和王妃看了高興。不料有個傭人做事不仔細，糊里糊塗間竟把大門上的「福」字倒過來了。為此恭親王十分惱火。而大管家見此情景，害怕恭親王怪罪下來，自己也受到牽連。於是大管家急中生智，慌忙跪在恭親王面前稱道：「奴才常聽人說，恭親王和王妃壽高福大造化大，如今大福真的到（倒）了，這是吉慶之兆啊！」一向愛聽奉承話的王妃聽了，覺得也合情理。她心想：「怪不得過往行人都說恭親王福到（倒）了，吉語說千遍，金銀增萬貫。也真難為他們想出這種招式。」於是，王妃讓恭親王賞賜了管家和那個倒貼「福」字的傭人各五十兩銀子。後來，倒貼「福」字的習俗由達官府第傳到平民百姓家，人們都希望過往行人能順口唸上幾句：「福到了！福到了！」以此圖個吉利。

「福」字倒貼在民間還有一則傳說。當年明太祖朱元璋用「福」字做記號，準備暗殺被做上記號的人，好心的馬皇后為消除這場災禍，命全城必須在天明之前都在自家門上貼上一個「福」字。馬皇后的旨意自然沒人敢違抗，於是家家門上都貼了「福」字。其中有戶人家不識字，竟把「福」字貼倒了。第二天，皇帝派人上街查看，發現家家都貼了「福」字，還有一家把「福」字貼倒了。皇帝聽了勃然大怒，立即命令御林軍把那戶人家滿門抄斬。馬皇后一看事情不好，連忙對朱元璋說：「那家人知道您今日來訪，故意把福字貼倒了，這不是『福到』的意思嗎？」皇帝一聽有道理，便下令放人，一場大禍終於消除了。從此，人們便將「福」字倒貼，一求吉利，二為紀念馬皇后。

中國新娘蓋紅蓋頭的由來

從古至今，很長一段時間內，人們在舉行婚禮時，新娘頭上都會蒙著一塊別緻的大紅綢緞，此綢緞被稱為「紅蓋頭」，這塊蓋頭是在雙方進入洞房時由新郎揭開。而新娘為何要蓋紅蓋頭呢？

據唐朝李冗的《獨異志》載，傳說在宇宙初開的時候，天下只有女媧兄妹二人。為了繁衍人類，兄妹倆商議，配為夫妻。但他倆又覺得害羞，於是兄妹倆上到山頂，向天上祈禱：「天若同意我兄妹二人為夫妻，就讓空中的幾個雲團聚合起來；若不讓，就叫它們散開吧。」話一落音，那幾個雲團緩緩移動接近，終於聚合為一。於是，女媧就與兄成婚。女媧為了遮蓋羞顏，乃結草為扇以遮其面。扇與苫同音，苫者，蓋也。而以扇遮面，終不如絲織物輕柔、簡便、美觀。因此，執扇遮面就逐漸被大紅綢緞的布蒙頭代替了。

最早的蓋頭約出現在南北朝時的齊代，當時是婦女避風禦寒使用的，只蓋住頭頂。到唐朝初期，便演變成一種從頭披到肩的帷帽，用以遮羞。據傳說唐朝開元天寶年間，唐明皇李隆基為了標新立異，有意突破舊習，命令宮女以「透額羅」蓋頭，也就是婦女在唐初的帷帽上再蓋一塊薄紗遮住面容，作為一種裝飾物。從後晉到元朝，蓋頭在民間流行不斷，並成為中國新娘不可缺少的喜慶裝飾。而為了表示喜慶，新娘的蓋頭通常都會選用紅色的。

為什麼一項看似微不足道的習俗能夠跨越時空的界限，廣泛存在且歷經千年而猶存？因為紅蓋頭已經成為一種文化需要，在婚禮中具有了一些功能：

一是遮羞功能。首先，它來自於人們對血緣婚的否定態度。蓋頭所遮之羞是「兄妹結合」之羞，是人類曾有過的血緣婚之羞。其次，蓋頭要遮的是女性新婚之羞。結婚是其從一個純潔的少女到一個為人婦、為人媳的轉變，是第一次跟自己未來丈夫相見。小小的蓋頭又將心中慌亂緊張的新娘，同周圍隔開。

二是審美功能，蓋頭具有滿足人們審美需求的功能。對「千呼萬喚始出來，猶抱琵琶半遮面」的女性美的追求，於此可見一般。將新娘蒙上蓋頭產生的審美效應，激發了人們婚慶時的好奇感，使人們的思想趨向美好、完美，增加了婚禮的喜慶氣氛。

三是避邪功能。紅色在華人的觀念是吉祥喜慶之氣，具有避邪功能。其實在整個婚禮過程中，新娘都是被「隔離開來」的，頭頂紅蓋頭，身穿大紅的中式結婚禮服，路上坐著花轎子，迎親歸途上路過廟宇、祠堂、井河、橋梁等處要用紅氈遮擋；拜堂前還要跨火盆，踩地毯。既防止新娘受到邪氣的感染，又做到確保新娘不把邪氣帶到新郎家，造成不祥的後果。

印度婦女的額頭點痣由來

在印度，經常可以看到婦女們的額頭上有一顆紅色或紫黑色的圓形痣，那是印度婦女獨特的裝飾物。除了寡婦和年幼的少女不點痣外，其他女性都有點痣的習慣。印度婦女額上的痣以紅色最為普遍，也有少數婦女點上紫黑色，不同的顏色代表的意義也不同。這個小小的點，不僅僅是為了漂亮美觀，還有不少的講究。

印度婦女額上的紅點被稱為「吉祥痣」。紅點是印度人結婚當天，由丈夫親自用朱砂粉點在妻子額頭中央。丈夫健在時，妻子每天都要自己點上，因此他們稱之為「吉祥痣」。按照傳統的方法，要用朱砂、糯米和玫瑰花瓣等材料搗成糊狀，點在前額的眉心。

對於印度婦女而言，吉祥痣有這樣幾種含意，其一，表示該名女士是已婚身分；其二，表示她的丈夫健在；其三，表示她的家庭平安、吉祥。因此，在印度教的婚禮儀式上，點吉祥痣是不可缺少的內容。有的地方是在婚禮之前請婆羅門祭司為新娘點吉祥痣，有的地方則是在婚禮儀式的最後，由新郎為新娘點上吉祥痣，預祝婚後的生活幸福美滿。

同時，這個紅點還是一種宗教符號，可以消災避邪。印度教認為，前額的眉心是人的生命力泉源，是人的活力中心，所以平日必須塗朱砂和藥膏加以保護，不可任眉心裸露，否則將招來凶禍。至今仍有不少印度教苦行僧在前額點朱砂。

過去，吉祥痣是女子已婚的標誌，因此未婚的姑娘或寡婦是不允許點吉祥痣的。未婚女子點痣用紫黑色，生孩子或回娘家的婦女，也以紫黑色痣作點綴。如今隨時代變遷，人們認為在額頭上點紅痣非常美觀，也是一種時髦，因此不管是印度教徒還是其他教徒，也不管是已婚還是未婚，甚至幾歲的女性，只要自己願意，都可以點一個紅色的吉祥痣。現在吉祥痣的顏色也有變化，除紅色外，還有黃色、紫色、綠色、黑色等等，視衣著條件而定。若一個女子身著以紅色為主的紗麗，吉祥痣也以紅色為主，以此類推。當然主要根據個人的愛好，並無規定。而黑痣比較少見，假如孩子長得又白又胖，活潑可愛，人人喜歡，有部分人就會刻意給小孩的前額上點個黑痣，主要是為減少其美麗程度，避免夭折。吉祥痣的形狀除圓形外，還有三角形的、五角形的等等，根據個人的喜好而定。

吉祥痣的做法也有變比：從前吉祥痣是用數種顏料合成，貼在額上；今天有許多現成各種顏色和各種形狀的塑膠製品，每逢喜慶活動，女子非點吉祥痣不可。平時已婚婦女也必點，否則會受到家中老人和親友的批評。

日本人穿和服的時機

和服是日本的傳統服裝，它有長長的衣袖，從肩部一直到腳跟。在不同的場合，需要穿不同類型的和服；平日穿的和服，通常要比正式場合穿的和服簡單得多。

雖然男人、女人和孩子們穿的和服有明顯的不同，但通常和服只有一個尺寸。在選擇穿哪件和服時，人們要考慮它們的款式和布料是否與當時的季節相吻合，以及如何與腰帶更好的搭配等。以正式場合的婦女裝束為例，需要配一條大約三十公分寬、裝飾十分精美的腰帶。

雖然有些和服用棉布、羊毛和麻製成，但大多數和服是絲綢製成的。與西方的服裝相比，和服比較限制穿衣者的動作，還要花費很多時間來穿著和保管。所以，現代大多數日本人只在特定的場合，如正式的集會和傳統的節日中才穿和服。這些場合包括新年假期、祈禱小孩子健康成長的七五三節、婚禮和葬禮、孩子二十歲生日上舉行的成人儀式以及畢業典禮等。除了為孩子舉行七五三節，通常只有婦女在節日中穿著和服。但在夏季，參加當地的節日和煙火晚會時，婦女和男士常常也都會穿著一種特別輕便的棉製單層和服，也叫浴衣。

通常和服適合所有身高和身型的人，因為它的長寬可以用數條繩子來調節。在穿和服的過程中，婦女首先穿一雙能夠將大拇趾和其他腳趾分開的襪子，日語叫「足袋」(tabi)，再穿貼身內衣和長襯衣和服，這些服裝由繞在腰間的一根繩子繫住。接著穿上外衣和服，它的長短可以透過繞在身體上的另一根繩子來調整。最後再繫上帶子，並打上裝飾性的結。一套典型的婦女和服裝束需要十多種配套部件，包括三至四種繫繩；男士的和服則比較容易穿，一套完整的裝束通常還包括一件上身穿的羽織外衣和一條和服褲裙。

荷蘭人對木鞋的情有獨鍾

在荷蘭，孩子出生時，部分父母就要為小寶寶準備一雙小木鞋。少年談戀愛時，要設法悄悄量好另一半的腳形和尺寸，然後為對方做一雙刻有名字的木鞋。結婚時，丈夫也會把木鞋作為信物送給妻子，並親手為伴侶穿上。到荷蘭人家做客，客廳最顯眼的地方往往擺放著一雙雙製作精美的木鞋。木鞋為什麼受到荷蘭人如此重視和珍愛呢？

原來，木鞋是著名的「荷蘭四寶」之一。男人身穿寬腿褲，女人身穿多層裙，腳上再穿上一雙木鞋，這曾經是荷蘭人數百年「一貫制」的衣著模式。

荷蘭人過去之所以愛穿木鞋，主要與國家的地理環境和氣候條件有關。荷蘭光照期短、地勢低窪。全年晴朗的好天氣不足七十天，這使荷蘭人不得不穿上兼顧厚實的木鞋來應付潮溼的地面。農地耕作、庭院勞作乃至室內打掃，都穿不同樣式的白楊木鞋。這種木鞋，是用一整塊的木材雕刻而成，外觀上多呈現船形，鞋底也很厚實，鞋頭又尖又翹。穿這種木鞋的時候，荷蘭人通常還會往鞋內填上一些乾稻草。這樣一來，冬天便可禦寒，夏天便可防潮。後來，荷蘭人把木鞋製作發展成一門半機械操作的工藝，木鞋也就成為特色產品和紀念物。同時經專家證實，青少年穿木鞋，對發育有益。如今，荷蘭男士平均身高一百八十二公分，女子平均身高一百七十公分，均居世界之首。據研究，這和他們愛穿木鞋的傳統習慣有關。

第二章　建築奇蹟

布達拉宮的地理位置

布達拉宮是歷世達賴喇嘛的冬宮，也是過去西藏地方統治者政教合一的統治中心，從五世達賴喇嘛起，重大的宗教、政治儀式均在此舉行，此地同時又是供奉歷世達賴喇嘛靈塔的地方。

「布達拉」是梵語音譯，譯為舟島，又譯作「普陀羅」或「普陀」，原指觀世音菩薩所居之島。布達拉宮俗稱「第二普陀山」。

布達拉宮海拔三千七百多公尺，占地總面積三十六萬餘平方公尺，建築總面積十三萬餘平方公尺，主樓高一百一十七公尺，看似十三層，實際九層。其中宮殿、靈塔殿、佛殿、經堂、僧舍、庭院等一應俱全，是當今世界上海拔最高、規模最大的宮殿式建築群。

布達拉宮依山壘砌、群樓重疊，殿宇整體呈現華麗、雄偉的氣勢之感。堅實厚重的花崗石牆體，風格獨特的白瑪草牆領，金碧輝煌的穹頂，具有強烈裝飾效果的巨大鎏金寶瓶、幢和經幡，交相映輝，紅、白、黃三種色彩的鮮明對比，分部合築、層層相連的建築形體，都展現了藏族古建築的迷人特色。布達拉宮是藏式建築的傑出代表，也是中華民族古建築的精華之作。

西元六三一年（藏曆鐵兔年）布達拉宮由吐蕃松贊干布興建。當時修建的宮殿有九百九十九間，加山上修行室共一千間，後因雷擊和戰亂受嚴重破壞。一六四五年（藏曆木雞年），五世達賴喇嘛為了鞏固政教合一的甘丹頗章地方政權，由第司索郎繞登主持，重建布達拉宮的「白宮」及宮牆城門角樓等，並把政權機構由哲蚌寺遷來。一六九〇年（藏曆鐵馬年），第司桑結嘉錯為五世達賴喇嘛修建靈塔，擴建了「紅宮」。一六九三年（藏曆水雞年）工程竣工。以後曆世達賴喇嘛增建了五個金頂和一些附屬建築。特別是一九三六年（藏曆火鼠年）十三世達賴喇嘛的靈塔殿建成後，形成了布達拉宮今日的規模。

腦補知識

布達拉宮主體建築

布達拉宮主體建築為白宮和紅宮。白宮是達賴喇嘛的冬宮，也曾是原西藏地方政府的辦事機構所在地，高七層。位於第四層中央的東有寂圓滿大殿（措慶夏司西平措），是布達拉宮白宮最大的殿堂，面積七一七平方公尺，也是達賴喇嘛坐床、舉辦親政大典等重大宗教和政治活動場所；第五、六兩層是攝政辦公和生活用房等；最高處第七層兩套達賴拉喇嘛冬季的起居宮，由於這裡終日陽光普照，故稱東、西日光殿。

紅宮主要是達賴喇嘛的靈塔殿和各類佛殿，共有八座，存放著各世達賴喇嘛法體的靈塔，其中以五世達賴喇嘛靈塔為最大。西有寂圓滿大殿（措達努司西平措）是五世達賴喇嘛靈塔殿的享堂，也是布達拉宮最大的殿堂，面積七二五平方公尺，內壁繪滿壁畫。法王洞（曲吉竹普）等部分建築，則是吐蕃時期遺存的布達拉宮最早期的建築物，內有極為珍貴的松贊干布、文成公主、尺尊公主和祿東贊等人的塑像。

十三世達賴喇嘛靈塔殿，是布達拉宮最晚的建築，一九三三年動工，歷時三年終於建成。此外，布達拉宮還有上師殿、菩提道次第殿、響銅殿、世襲殿等殿堂。

關中的地理位置

關中，或關中平原，指中國陝西秦嶺北麓渭河沖積平原，平均海拔約五百公尺，又稱關中盆地，其北部為陝北黃土高原，向南是陝南山地、秦巴山脈，為陝西的工、農業發達，人口密集地區，富庶之地，號稱「八百里秦川」。自古以來，關中平原土地肥沃，物產豐饒，又有秦嶺、黃河等山河屏障，是一個極具政治、軍事、經濟意義的優良地區，被稱為「陸海之樞紐」、「天府之富饒」。

關中之名，始於戰國時期，其來源有二，一指在函谷關（今河南省靈寶縣東北）和大震關（今隴縣西北）之間稱關中；《長安志》中一指居於函谷關（東），大散關（西），蕭關（北）和武關（南）四關之中部，稱為關中。現在通稱關中是指秦嶺以北，黃龍山、橋山以南，潼關以西，寶雞市以東的渭河流域地區。關中土地肥沃，河流縱橫，氣候溫和，《史記》中稱其為「金城千里」、「天府之國」和「四塞之國」。

關中地區不僅是中華民族的發揚地之一，而且它以獨特的優越地位，在秦漢迄隋唐時代發展成中國古代黃河文化的中心。自西周以來，先後有十五個王朝在此建都，分別為西周、秦國、秦王朝、西漢、東漢（末年）、新（莽）、西晉、前越、前秦、後秦、北魏、大夏、北周、隋和唐，歷經一千五百多年。此外，中國文明的搖籃在黃河流域，而黃河文明的搖籃是在渭河流域（關中）。

從神話、傳說和考古發掘看，出自中國西部的炎帝和黃帝是公認的最早聖王和「人文始祖」。炎帝、黃帝的族居地和陵墓都在關中地區。經考古發掘證實，關中是華夏古文明最重要、最集中的發源地之一。這裡有數十萬年前的藍田人和大荔人文化，有仰紹文化的典型代表半坡文化。如西安半坡臨潼姜寨和寶雞鬥雞臺等地是中國最早的原始農業發揚地，形成了最早的農耕、房屋建築、織布、製陶等等的生產技術，甚至還創造了最早的文字。在西安出土文物中有一系列是中國最早文化的實證，比如出自半坡的最早期農漁工具、最早期的陶窯、最早期的陶文、最早期的土木建築、出自何家灣的最早期骨雕人頭像等等。關中平原是當之無愧的中國文明的搖籃，也是整個亞洲最重要的人類起源地和史前文化中心之一。

秦以後，除了東漢遷都洛陽外，從東漢末年國家分裂到隋王朝統一全國，關中長安先後作為東漢獻帝、西晉愍帝、前趙、前秦、後秦、西魏、北周數個割據王朝的國都，在中國文化歷史上有著特殊的地位。隋唐時代，各代君主不僅充分認識到關中地區曾長期作為古代政治經濟文化中心的意義，而且更進一步認識到建都長安對解除北方游牧民族的侵擾、維護國家統一的意義。定都長安，不僅表現了隋唐王朝對內鞏固政權、發展經濟的意志，也表現了對外排除北方突厥等族南下侵擾外患的決心。而在這樣的背景之下，關中在西漢末年因國家分裂等原因失去其全國政治、經濟、文化中心的地位以後，再一次作為統一王朝的國都，而發展成為黃河文化的中心。

何謂「哭牆」

耶路撒冷猶太教聖跡哭牆，又稱西牆。是耶路撒冷舊城第二聖殿護牆的一段，也是第二聖殿護牆的僅存遺址，亦有「歎息之壁」之稱。是古代猶太國第二神廟的唯一殘餘部分，長約五十公尺，高約十八公尺，由大石塊建成。

猶太教把該牆看作是第一聖地，教徒至該牆須哀哭，以表示對古神廟的哀悼並期待其恢復。西元初年，歐洲人認為耶路撒冷是歐洲的盡頭，而這面牆即是歐亞分界線。千百年來，流落在世界各個角落的猶太人回到聖城耶路撒冷時，都會來到這面石牆前面低聲禱告，哭訴流亡之苦，所以此牆被稱為「哭牆」。

哭牆高約二十公尺、長五十公尺，中間相隔，祈禱時男女有別進入廣場牆前，男士必須戴上傳統帽子。如果沒有帽子，入口處亦備有紙帽供應。許多徘徊不去的祈禱者，或以手撫牆面、或背誦經文、或將寫著祈禱字句的紙條塞入牆壁石縫間。歷經千年的風雨和朝聖者的撫觸，哭牆上的石頭也隱約發光，如泣如訴一般。

「黃金海岸」的地理位置

「黃金海岸」是非洲國家迦納的舊稱。「黃金海岸」全面積二十三點九萬多平方公里，位於非洲西部、幾內亞灣北岸，西鄰象牙海岸，北接布吉納法索，東毗多哥，南瀕大西洋，海岸線長約五百六十二公里。地形南北長、東西窄。全境大部地區為平原，東部有阿克瓦皮姆山脈，南部有夸胡高原，北部有甘巴加陡崖。最高峰傑博山海拔八百七十六公尺。最大河流為沃爾特河，在迦納境內長一千一百公尺，下游建有阿科松博水壩，在境內形成巨大的沃爾特水庫，面積達八千四百八十二平方公里。沿海平原和西南部阿桑蒂高原屬熱帶雨林氣候，沃爾特河谷和北部高原地區屬熱帶草原氣候。

古加納王國建立於西元三至四世紀，十至十一世紀時達到鼎盛時期。十三世紀時，加納王國遭到新興的馬里王國的入侵，居民逐漸南移到現在的加納境內定居。從十五世紀開始，加納便淪為殖民地，成為歐洲列強不斷爭奪的一塊土地。一四七一年，葡萄牙殖民者入侵加納海岸，隨後荷、英、法等國殖民者接踵而來。他們劫掠黃金，還有象牙，並把這裡作為販賣黑奴的據點。

一八九七年，加納全境淪為英殖民地，並被稱為「黃金海岸」。一九四七年，加納第一個政治組織黃金海岸統一大會黨成立，要求自治。一九四六年六月，夸梅·恩克魯瑪領導成立人民大會黨，堅持爭取民族的鬥爭。一九五七年三月六日，黃金海岸宣布獨立，改名為加納。一九六〇年七月一日宣布成立加納共和國，並仍留在英聯邦內，恩克魯瑪出任總統。後來幾經政變。一九八一年十二月三十一日羅林斯空軍上尉再次發動政變，成立臨時全國保衛委員會，羅林斯擔任主席。一九九一年，軍政權開始「還政於民」進程。一九二二年底舉行總統和議會選舉。一九三三年一月七日成立第四共和國，由軍政步入憲治。

加納礦產資源豐富，主要礦產資源有黃金、鑽石、鋁礬土、錳等，此外還有石灰石、鐵礦、紅柱石、石英砂和高嶺土等。農業是加納的經濟基礎，全國百分之六十五以上勞動力從事農業。可可豆在加納的經濟地位比黃金還重要，有「綠色黃金」之稱，加納因以盛產可可豆而得「可可之鄉」的美譽，多年來占據出口排行榜之首。加納也因此形成了以礦產品、可可豆和木材為三大支柱的經濟結構。

巴黎凱旋門的人物歷史

巴黎凱旋門落成於一八三六年，高五十公尺，寬四十五公尺，這是拿破崙豐功偉業的象徵，門上刻有浮雕，描繪出拿破崙軍隊進軍、戰鬥、獲勝的路線圖，建築物有一小型紀念館，內有五百五十八位隨拿破崙征戰的將軍名字。

以凱旋門為中心向外延伸有十二條主要大街。巴黎有三座凱旋門，分別是卡魯塞爾凱旋門（亦稱小凱旋門）、愛德華凱旋門（亦稱大凱旋門）和大門塔（亦稱新凱旋門）。

卡魯塞爾凱旋門是為慶祝拿破崙．波拿巴一八〇五年的一系列戰爭勝利而建造的，位於羅浮宮博物館對面。紅、白大理石圓柱之間是三個圓拱門，拱門上方布滿了紀念拿破崙皇帝戰績的浮雕。門的頂端擺放了四匹從義大利聖馬可教堂搬來的鍍金奔馬。原物於一八一五年歸還給了義大利，現在的是複製品，同時添了一輛馬車與和平女神像。

愛德華凱旋門是為紀念法國軍隊的勝利而建造的，其規模超過了羅馬的君士坦丁凱旋門。位於戴高樂廣場中央，建成於一八三六年，是古老巴黎的象徵。它只有一道拱門，高五十公尺，寬四十五公尺，長二十二公尺。門的每一面上都有一幅巨幅浮雕，內容取材於西元一七九二至一八一五年的法國戰爭史。尤其以面向香榭麗舍大道一面右下側的《馬賽曲》浮雕聞名於世，上面描繪了一七九二年義勇軍出征的情景。拱門上方四壁的浮雕是慶祝拿破崙凱旋歸來的情景。在頂端的盾形飾物上，還刻有每場戰役的名稱。單一的顏色和精美的浮雕給人一種莊嚴、樸素的感覺。

大門塔位於巴黎西面的拉德芳斯區。它的形狀像大門，方型中空。整座建築用白色大理石與玻璃覆面，門內懸掛著一張叫做「雲」的巨大天幕，乘電梯可達到塔頂觀景臺。這座被稱為「前衛文化」的凱旋門是由丹麥建築師奧托．馮．斯普瑞克森設計的，一九八九年七月竣工，在這個富有想像的城市裡更顯浪漫。

腦補知識

拿破崙的死因之謎

一八二一年五月五日十七時四十九分，被流放到南大西洋聖赫勒拿島上的拿破崙與世長辭，法國當局隨後宣稱這位皇帝死於心血管疾病。不過很多人相信這位曾叱吒歐洲大陸的風雲人物是被人下毒害死的。

曾隨拿破崙一起被流放到聖凱倫拿島的僕人瑪律尚在其日記中寫道，拿破崙去世前經常失眠，腿部腫脹無力，掉頭髮，偶爾抽搐，總是覺得口渴。一九六〇年，瑞典牙醫兼毒藥專家佛舒伍德在對日記進行仔細研究後認定，上述症狀均與人服食砒霜後的情形類似。後來，美國聯邦調查局和法國巴斯德大學又對拿破崙一根頭髮進行了分析，並從中發現了相當數量的砒霜，這一結果也證實了拿破崙中毒的說法。然而，一位名叫科斯坦的專家在研究了拿破崙生前最後一位醫生安托馬奇書寫的病歷後，認為拿破崙死於胃癌。

安托馬奇在病歷中記載說，拿破崙死前上腹部劇痛難忍，打嗝呼出的氣味非常難聞，而且有慢性神經衰弱和厭食跡象。此外，拿破崙還患有慢性泌尿系統疾病，夜裡常咳嗽，並出冷汗。而這些症狀很像胃癌的症狀。

圍繞著中毒和胃癌兩種說法，一場廣泛的爭論在學術界拉開了帷幕。一九六一年，瑞典的科學家對真正的拿破崙遺髮進行舉世矚目的研究。在研究中，他們嚴格採用了日本著名科學家江上秋彥首創的實驗方法，測出了遺發中砒霜的含量，因此也肯定了拿破崙死於砒霜慢性中毒的說法。

巴洛克建築

巴洛克建築是十七至十八世紀在義大利文藝復興建築基礎上發展起來的一種建築和裝飾風格。其特點是外形自由，追求動態，喜好富麗的裝飾和雕刻、強烈的色彩等，常用穿插的曲面和橢圓形空間。

巴洛克一詞的原意是奇異古怪，古典主義者用它來稱呼這種被認為是離經叛道的建築風格。這種風格在反對僵化的古典形式、追求自由奔放的格調和表達世俗情趣等方面產生了重要作用，對城市廣場、園林藝術乃至文學藝術都產生很大的影響。

義大利文藝復興晚期著名建築師兼建築理論家維尼奧拉設計的羅馬耶穌會教堂，是由風格主義向巴洛克風格致敬的代表作，也有人稱之為第一座巴洛克建築。

羅馬耶穌會教堂平面為長方形，端部突出一個聖龕，由哥德式教堂慣用的拉丁十字形演變而來，中廳寬闊，拱頂滿布雕像和裝飾。兩側用兩排小祈禱室代替原來的側廊。十字正中升起一座穹隆頂。教堂的聖壇裝飾富麗而自由，上面的山花突破了古典法式，作為聖像和裝飾光芒。教堂立面借鑒早期文藝復興建築大師阿爾伯蒂設計的佛羅倫斯聖瑪麗亞小教堂的處理手法，正門上面分層，簷部和山花做成重疊的弧形和三角形，大門兩側採用了倚柱和扁壁柱。立面上部兩側做了兩對大渦卷。這些處理手法別開生面，後來被廣泛仿效。

巴洛克建築風格也在中歐一些國家流行，尤其是德國和奧地利。十七世紀下半葉，德國不少建築師留學義大利歸來後，把義大利巴洛克建築風格同德國的民族建築風格結合起來。到十八世紀上半葉，德國巴洛克建築藝術已然成為歐洲建築史上一朵奇花。

德國巴洛克風格教堂建築外觀簡潔雅致，造型柔和，裝飾不多，外牆平坦，同自然環境相協調。教堂內部裝飾則十分華麗，造成內外的強烈對比。著名實例是班貝格郊區的十四聖徒朝聖教堂、羅赫爾的修道院教堂。

奧地利的巴洛克建築風格主要是從德國傳入的。十八世紀上半葉，奧地利許多著名建築都是德國建築師設計的。如維也納的舒伯魯恩宮，外表是嚴肅的古典主義建築形式，內部大廳則具有義大利巴洛克風格，大廳中所有的柱子都雕刻成人像，柱頂和拱頂滿布浮雕裝飾，是巴洛克風格和古典主義風格相結合的產物。

巴洛克風格打破了對古羅馬建築理論家維特魯威的盲目崇拜，也打破了文藝復興晚期古典主義者規定的種種清規戒律，反映了嚮往自由的世俗思想。另一方面，巴洛克風格的教堂富麗堂皇，而且能製造出相當強烈的神祕氣氛，符合天主教會炫耀財富和追求神祕感的要求。因此，巴洛克建築從羅馬發跡後，不久即傳遍歐洲，遠達美洲。

希臘的國寶

帕德嫩神廟被認為是多立克柱式建築藝術的極品，有「希臘國寶」之稱。帕德嫩神廟是雅典衛城最重要的主體建築，「帕德嫩」的原意為「處女宮」，因神廟祀奉的雅典娜女神是處女之身，故帕德嫩神廟又稱「雅典娜處女宮」。

帕德嫩神廟建於西元前四四七至前四二三年，設計師為伊克諦諾斯和卡利克拉特。整個建築工程是在大雕刻家菲狄亞斯的指導和監督下完成的，神廟的雕刻都為菲狄亞斯和他的弟子所創作。

帕德嫩神廟坐落在衛城的最高處，從雅典各個方向都能看到它那宏偉莊嚴的形象。帕德嫩神廟採用典型的長方形列柱回廊式，列柱採用多立克柱式，東西兩面各為八根列柱，兩側各為十七根列柱。每根柱高十點四三公尺，由十一塊鼓形大理石疊成。神廟的柱頭、瓦當、整個簷部和雕刻，都施以紅藍為主的濃重色彩，顯得格外莊嚴肅穆，充滿燦爛奪目的光彩。

神廟的主體為兩個大廳，兩旁各倚一座有六根多立克圓柱的門廳。東邊的門廳通向內殿，殿內原來供奉著巨大的雅典娜女神。但是，這一傑作在西元五世紀卻神祕失蹤了。橫飾帶是由九十二塊白色大理石裝飾而成的，上面有描述希臘神話的浮雕。

帕德嫩神殿可謂歷經滄桑，幾經磨難。西元一六八七年威尼斯軍隊攻擊城堡，廟內內殿、殿牆等建築都夷為瓦礫。十八世紀下半葉開始，歐洲列強也來此盜運、搶奪文物，現有不少原屬神廟的古物都散失，今僅存殘跡。

大雁塔的人物歷史

大雁塔建於唐高宗永徽三年，因座落在慈恩，故又名慈恩寺塔。慈恩寺是唐貞觀二十二年太子李治為了追念他的母親文德皇后而建。

據史書記載，唐高宗李治為其母文德皇后祈求陰福，特建造了慈恩寺。寺的北面正對大明宮含元殿，附近環繞曲江池、杏圓和樂游原，風景秀麗迷人。慈恩寺建於西元六五二年，當時共有十三處院落，房屋達一九八七間。正逢高僧玄奘自印度歸來之時，高僧玄奘帶回大量梵文經典和佛像舍利。而為了供奉和儲藏這些珍貴的寶物，便由玄奘親自設計並指導施工。

大雁塔初建時只有五層。武則天時重修，後來又經過多次修整，現在的塔是七層，共六十四公尺，呈方形角錐狀。塔身由青磚砌成，各層壁面做柱枋、欄額等仿木結構。每層四面都有券砌拱門。這種樓閣式磚塔造型簡潔，氣勢雄偉，是中國佛教建築藝術的傑作。

大雁塔底層南門兩側鑲嵌著唐代著名書法家褚遂良書寫的兩塊石碑，一塊是《大唐三藏聖教序》；另一塊是唐高宗撰《大唐三藏聖教序記》。碑側蔓草花紋，圖案優美，造型生動。這些都是研究唐代書法、繪畫、雕刻藝術的重要文物。

大雁塔本名慈恩寺塔，後來為什麼改名為大雁塔呢？傳說是慈恩寺的和尚都三淨食（即雁、鹿、犢三種肉）。某年，和尚們久未吃到這三種肉，一僧見空中飛來一群雁，笑說：「今日眾僧無以充飢，若菩薩有靈，當叫我們吃上雁肉。」話音未落，一雁從空中跌落，投身死於僧前。眾僧得知之後，以為這雁是菩薩的化身，於是建塔葬雁，以示紀念，並為其定名為「雁塔」。後人為了區分大薦福寺的小雁塔，則在雁塔前冠之以「大」字。《慈恩寺三藏法師傳》中對這一傳說也有記載：「摩揭陀國有一僧寺，一日有一隻大雁離群落羽，摔死在地上。僧眾認為這只大雁是菩薩的化身，決定為大雁建造一座塔，因而又名雁塔，也稱大雁塔。」

大雁塔起初為五層，後改建為七層，人們常常說「救人一命，勝造七級浮屠」就是因大雁塔而來的。

腦補知識

大雁塔地宮

中國陝西省社會科學院宗教研究所的研究人員曾表示，西安的大雁塔下可能藏有千年地宮。由此推測，自玄奘印度取經歸來後，所帶回的珍寶有可能藏於大雁塔下的地宮內。

據史料記載，唐貞觀十九年，玄奘從印度取經歸來後，帶回大量佛舍利、上百部貝葉梵文真經及八尊金銀佛像。為了供奉和珍藏帶回的佛經、金銀佛像、舍利等寶物，經朝廷批准，玄奘親自設計建造了大雁塔。但直到現在，玄奘所帶回的珍寶到底珍藏在哪裡，一直無人知曉。

研究人員認為，古塔地下一般情況下都有地宮，和法門寺寶塔下有地宮一樣，大雁塔地下肯定也藏有千年地宮，只是大雁塔地宮尚未被發掘而已。由此推測，大雁塔下的地宮裡極有可能藏有玄奘當初帶回的珍寶。

相關部門曾對大雁塔的內部結構進行探測，探地雷達曾經探測出大雁塔地下有空洞，而這些空洞應該就是大雁塔的地宮。

金字塔的用途

金字塔的用途究竟是什麼？傳統的說法是，金字塔主體是已故的國王墳墓，但作為整體的建築群，它不僅具有神廟的功能，而且還有宮殿的作用。

第五、六王朝的金字塔建築群普遍有牆上浮雕。所表現的內容主要是國王。國王代表眾神統治人間，也統治外國人；他向眾神敬奉祭品；國王也受到眾神的敬奉，國王與眾神聯為一體；國王為慶祝其統治三十年而舉行的一系列儀式。其次，國王宮殿牆上的浮雕與金字塔浮雕有相似的內容。所以說，金字塔具雙重功能。

從建築風格來看，整個建築群裡的每個神都有特定的位置，包括作為國王的荷拉斯之三位一體雕像被安置於河谷神廟；拉神作為宇宙神被置於祭祀神廟裡；哈托因與國王的妻子有關，而被供奉在王后金字塔的神廟裡。此外，河谷神廟、祭祀神廟以及聯結二者的通道總是面向東方，表現了對埃及神祇的崇拜。所以，建金字塔的目的是為祭祀諸神及宣揚王權的神祕性。

但是，專家學者們也不斷提出質疑。比如第四王朝的法老為什麼要建造兩個金字塔？他們是不是想同時擁有兩個墳墓？還有為什麼在獅身人面像中沒有找到木乃伊或者墓誌銘？一個國王興師動眾、耗費鉅資，建造這樣一座人類歷史上最大的墳墓，然後讓人費盡心機地揣摩他葬在何處，這是不是有些不合邏輯？

所以說，金字塔肯定不僅僅是一座陵墓，它的設計一定還有一些特別的意圖。金字塔是古人留下的超越我們想像力的歷史遺址。金字塔和整個古埃及一樣，是一個難以解開的謎。

瑪雅金字塔的由來

在墨西哥猶加敦半島上，聳立著許多氣度非凡的金字塔，它們是瑪雅人留下的作品。其規模之宏偉，構造之精巧，乃至於情景之神祕，完全可以與埃及金字塔相媲美。但是它們看起來不太一樣。

埃及金字塔是金黃色的，是四角錐形，經過幾千年風吹雨打已經呈現些微腐蝕了。瑪雅的金字塔矮一點，也是由巨石堆成，石頭是灰白色的，整個金字塔也是灰白色的。它不完全是錐形的，塔基呈四方形，一共分為九層，由下而上層層堆疊而逐漸縮小，頂端有一個祭神的神殿。從塔底到塔頂，塔的每面各有四座樓梯，分別朝著正北、正南、正東和正西，設有九十一級臺階，而四面加起來就是三百六十四級；再加上塔頂平臺上的一級臺階總數剛好是三百六十五級，等於一年的天數。同時，九層塔座的階梯又分為十八個部分，這又正好是瑪雅曆一年的月數。五十二塊有雕刻圖案的石板，象徵著瑪雅日曆中五十二年為一次輪迴。

由於瑪雅金字塔暗藏了相當深奧的科學道理，人們對其建造者的身分產生了疑問。有人認為，瑪雅金字塔是由埃及人建造的，理由是埃及金字塔的建造時間遠遠早於瑪雅；而且，埃及早期的金字塔以位於薩卡拉的「喬塞爾金字塔」最為典型，喬塞爾金字塔也有從下到上的階梯；也有人認為，傳說中的「大西洲」沉入海底之前，一部分人來到美洲和非洲，把展現他們智慧的金字塔照搬到了這兩個大陸；還有人認為，外星人是瑪雅金字塔的真正建造者，這些塔本來是被當作儲藏庫的，外星人離開後，來到中美洲的人們發覺金字塔有奇異的保藏能力，便把這些古老的儲藏庫變成了王者的停屍處。塔頂坍塌之後，這些頭腦簡單的人們在上面營造了廟宇，用以供奉他們的神靈……然而這些五花八門的說法由於缺少科學上的根據，並沒有多少人真的相信。

腦補知識

瑪雅天文臺

瑪雅的天文臺也是充滿特色的建築物。以今天的眼光來看，不論是在功能上或外觀上，瑪雅的天文臺都與現在的天文臺十分類似。以凱若卡天文觀測塔為例，建築在巨大而精美的平臺上，由小的臺階一步步通往大平臺，而且與現在的天文臺有些相似的是一個圓筒狀的底樓建築，上面有一個半球型的蓋子，這個蓋子是現在天文望遠鏡所伸出的地方。底樓的四個門剛好對準東西南北四個方位。這個地方的窗戶及閘廊形成六條連線，其中至少三條是與天文相關的，其一與春（秋）分有關，另兩個與月亮活動有關。

倫敦塔的由來

倫敦塔是一座具有九百多年歷史的羅曼式城堡建築，始建於一〇七八年。占地十八公頃，坐落在倫敦城東南角的塔山上，南臨泰晤士河。周圍用巨石築成一道厚實的城牆。城牆上有許多砲臺、箭樓，四周是一條又寬又深的護城河。

十一世紀，征服者威廉一世為了鎮壓人民反抗，歷時二十年建成了倫敦塔，目的是為了保護倫敦，並宣稱此地是他的領土。經過英國歷代王朝的加建，增加了諸如兵營堡壘、富麗堂皇的宮殿、天文臺、教堂、刑場、動物園等建築。

倫敦塔最重要、也是最古老的部分，是位於要塞中心的羅馬式塔樓。它是整個建築群的主體，因其主要用乳白色石塊建成，故又稱白塔。塔樓四角突出，凸顯四座高塔，塔樓分為三層，另設有胸牆和雉堞，四角小尖塔覆以蔥頭形小穹頂，十分醒目。白塔中的聖約翰小禮拜堂是一座小型的羅馬式教堂，不僅是舉行宗教儀式的場所，也曾供古代領主召開祕密性會議之用。白塔高約二十七公尺，周圍有十三座塔。其中的血塔被國王用來專門囚禁政治要犯及國王的死敵，是一座死牢，被關進這座塔里的人大多被處死。此外，倫敦塔的東側附近還有一座塔橋，是一座吊橋。

它在歷史上既是王宮，也曾被當作法院，後來又成為一所監獄。諾曼征服倫敦後，倫敦塔成了國王行轅總署和兵營。從一一四〇年直到十七世紀，該塔一直是英國歷代國王的主要住處。後來成為關押犯人的地點，下層社會的犯人通常會在塔外的固定地點實施死絞刑，其中較著名的犯人為托馬斯·莫爾，在當時被公開處決。另外在塔內被按叛國罪處死的還有安妮·博林、珍·葛雷等著名歷史人物。

在設計倫敦塔之初，並沒有考慮會將這裡作為囚禁犯人的監獄。但白塔動工後不久，由於倫敦的數處監獄人滿為患，人們只得將一部分犯人囚於這座白塔的地下室內，那裡最多時曾關押過一千七百名犯人。此後，這裡也成為英國王室關押要犯的地方。而位於整個要塞西南角的外城牆下的水道，也因為是犯人被判決後押入倫敦塔囚禁的唯一入口而聞名，被人們稱為「叛逆之門」。

現如今的倫敦塔已經成為了對外開放的博物館。塔內有一個珍寶館，觀眾可以看到英國歷代國王的王冠以及王室珍藏的金銀珠寶。倫敦古堡中還有一些體格壯碩，被稱為「渡烏」的大烏鴉。倫敦塔有千年的歷史，堪稱倫敦最悠久的古跡，遊客每年達兩百萬人。在出入口處，遊客還可以看到兩名身著古老的都鐸王朝制服的禁衛，這些「古老衛士」們也成了遊客欣賞和攝影的對象。

腦補知識

血塔與斷頭臺

倫敦塔裡的血塔建造於一二二五年，原名為「花園塔」，十六世紀末改稱「血塔」，是主要用來關押重要政治犯和國王勁敵的監獄。距離血塔不遠的一塊空地，則是當年處決犯人的斷頭臺，在此所設的一塊銅牌上記載著死在這個斷頭臺上的一批著名人物的名字。

世界上最大的教堂

世界上最大的教堂是聖彼得教堂。它是羅馬基督教的中心教堂，歐洲天主教徒的朝聖地與梵蒂岡羅馬教皇的教廷，位於梵蒂岡。

教堂最初是由君士坦丁大帝於西元三二六至三三三年在聖彼得墓地上修建的，於三二六年落成，稱老聖彼得大教堂，為巴西利卡式建築。十六世紀，教皇朱利奧二世決定重建聖彼得大教堂，並於一五〇六年動土。在長達一百二十年的重建過程中，義大利最優秀的建築師布拉曼特、米開朗基羅、賈科默．德拉．波爾塔和卡洛．

馬泰爾相繼主持過設計和施工，直到一六二六年十一月十八日才正式宣告落成，稱新聖彼得大教堂。

聖彼得教堂氣勢宏偉，座落於聖彼得廣場一側。整座教堂長約兩百公尺，最寬處有一百三十餘公尺，從地面到穹窿大圓屋頂頂尖十字架的高度達一百三十七公尺，可同時容納五萬餘人。為文藝復興式和巴洛克式建築風格。

聖彼得教堂之所以著名，不僅僅因為它是世界上最大的教堂，還在於它是義大利文藝復興時期的建築家與藝術家米開朗基羅、拉斐爾、勃拉芒特和小莎迦洛等大師們的共同傑作。其中最引人注意的雕刻藝術傑作有三件，一是米開朗基羅二十四歲時雕刻的作品，聖母懷抱死去的兒子的悲痛感和對上帝意旨的順從感，在作品中刻畫得淋漓盡致。而這裡所表現的聖母痛苦狀與米開朗基羅以後的作品迥然不同。

二是吉安．洛倫佐．貝尼尼的雕刻的青銅華蓋，由四根螺旋形銅柱支援撐，足有五層樓房那麼高。青銅華蓋前面的半圓形欄杆上永遠點燃著九十九盞長明燈，而下方則是宗座祭壇和聖彼得的墳墓，只有教皇才可以在這座祭壇上，面對東升的旭日，當著朝聖者舉行彌撒。

三是聖伯鐸寶座，也是吉安．洛倫佐．貝尼尼設計的一件鍍金青銅寶座。寶座上方是光芒四射的榮耀龕及象牙飾物的木椅，椅背上有兩個小天使，手持開啟天國的鑰匙和教皇三重冠。傳說這把木椅是聖彼得的真正御座，後經考證為加洛林國王泰查二世所贈送。

萬國宮的人物歷史

萬國宮是瑞士日內瓦的著名建築，又名國聯大廈，是聯合國的前身「國際聯盟」的總部所在地，現為聯合國駐日內瓦辦事處，又稱聯合國歐洲總部。

萬國宮於一九二九年在一座名為「阿里婭娜公園」的莊園上建立而成，一九三一年開工，一九三七年完工，占地三二點六萬平方公尺。一九四六年八月，國聯解散之後，萬國宮正式成為新成立的聯合國的財產，並以「聯合國歐洲辦事處」的名義重新啟用。

站在萬國宮窗前，可以看到一個水柱高達四十層樓高、擁有百年歷史的人工噴泉，景色蔚為壯觀。萬國宮的建築風格很有「萬國特色」，大街外部用的是義大利的石灰，華河羅納河及侏羅山的石灰石，內部有法國、義大利和瑞典所產的大理石，棕麻地毯則產自菲律賓。而且各成員國捐獻的裝飾和陳設物品，也讓文化的多元得到了充分的展現。細細欣賞品味，猶如走進了一個「世界文化大觀園」。

中央的大會廳是一座雄偉端莊的舊式建築，地板、牆壁全部以花崗石、大理石鋪砌。圓形的大會廳共六層，有一千八百多個座位，會場的前面是代表席，並配置同步翻譯設備，後面部分是旁聽席。大會廳四周還有許多中小型會議室。南側的理事會廳屬宮廷式建築，裝飾得雍容華貴、富麗堂皇。高大的門窗多以銅製，部分甚至鍍了金。四周牆壁和天花板上有歐洲藝術大師所繪的油畫作品，畫的主題是正義、力量、和平、法律和智慧。另有一幅浮雕壁畫橫貫整個天花板，畫面中宇宙中五個巨人的五隻巨手緊緊握在一起，象徵世界五大洲人民的團結與友誼。大會廳和理事會廳是舉行各種重要會議的地方。

中央會議廳北側的六層大樓是聯合國圖書館。由約翰．洛克菲勒所資助的這座圖書館，收藏有圖書七十一點六萬多冊、各國出版的期刊一萬種。樓內還設有國際聯盟展覽館，展出國際聯盟的歷史文獻和圖片實物。圖書館大樓與北面的新會議樓之間有作為休息廳的空中走廊相連，廳壁是一道長八十公尺、高十四公尺的玻璃牆，因此又名玻璃廳。牆壁上懸掛著一幅「天壇」的掛毯，十分引人注目。

新樓的前樓是一個四層樓高的會議廳大樓，樓內有十個設有同聲傳譯設備的會議廳，其中最大的一個會議廳名為「瑞士廳」。因為瑞士聯邦政府曾為籌建這座大樓提供了贊助。新樓內還有七百多個辦公室。法國藝術家所創作的象徵戰爭與和平的兩幅壁畫，也懸掛在會議大廳前。在阿里婭娜公園內，屹立著一個美國為紀念威爾遜總統而贈送的巨型鍍金青銅渾天儀、前蘇聯贈送的征服宇宙紀念碑及埃及藝術家為紀念國際兒童年所創作的雕塑等。

自由女神像的建造者

自由女神像是法國政府為紀念美國獨立戰爭期間的美法聯盟，作為慶祝美國獨立一百週年，法國贈給美國的禮物。

女神像的鋼鐵骨架由設計巴黎鐵塔的艾菲爾設計，雕像由法國雕刻家維雷勃杜克設計。西元一八六九年，巴特爾完成了自由女神像的草圖設計。一八七四年造像工程動工，到一八八四年完成，前後歷時十年。

一八八四年七月六日，法國將自由女神像正式贈送給美國。八月五日，神像底座奠基工程開始，基座高約二十七公尺，由花崗石混凝土製成，基座下面是打入弗特伍德古堡中心部位六公尺深處的混凝土巨柱。該古堡是一座軍用砲臺，呈八角星狀，於一八〇八至一八一一年為加強紐約港的防衛而建，一八四〇年翻新。一八八五年六月，整個雕像被分成兩百多塊裝箱，用拖輪從法國里昂裝箱運至紐約，一八八六年十月由當時的美國總統克里夫蘭親自在紐約主持揭幕儀式。一九一六年，威爾遜總統為女神像安裝了晝夜不滅的照明系統，並主持了竣工儀式。一九四二年美國政府發表一項決定，將自由女神像列為美國國家級文物。

自由女神像位於美國紐約哈德遜河口的「自由島」上，高四九點八公尺，重兩百二十五公噸。自由島地勢平坦，扼紐約港咽喉。高大而沉重的女神像便聳立於此。曾設計巴黎鐵塔的著名工程師艾菲爾為此設計了一種有四支腳支撐的鐵塔型內部支撐結構，塔腳嵌入基底約八公尺深，使這座全世界獨一無雙的巨像得以穩如泰山地屹立在海濱小島上。

女神像的製造耗費了約八十公噸的薄銅片和一百二十公噸的鐵骨架，由固定在鐵架上的銅片拼成，花費了半年時間組裝，僅鉚釘就用去三十萬個。銅像十分高大，火炬的邊緣可同時站立十二個人，手指長二點四公尺，指甲約二十五公分寬。

自由女神像外實中空，是一個完美的藝術整體。基座內是美國移民博物館，館內電影院放映美國早期移民生活的影片。女神像內分為二十二層，乘電梯可抵達第十層，再攀登螺旋形階梯，可到達雕像的皇冠處。皇冠處設有四面小窗，憑窗俯視，紐約全市的優美景色盡收眼底。

對成千上萬個來美國的移民來說，自由女神是擺脫舊世界的貧困和壓迫的象徵，因此自由女神像也成了美國代表的象徵。

城堡的用途

自石器時代，人們就開始使用防禦工事和土木工程。在西元九世紀以前，歐洲從未出現過真正的城堡。但由於要反抗維京人的入侵，加上分散的封建政治勢力的形成，從西元九世紀到十五世紀之間，數以千計的城堡就遍布了歐洲。在一九〇五年，以法國這一個國家的統計數字為例，其境內有超過一萬座城堡了。

在封建社會時期，地方的貴族提供了法律秩序和保護，使居民不受諸如維京人等劫掠者所侵擾。貴族建造城堡的目的，是為了防護並提供一個由軍事武力所控制的安全基地。事實上，一般認為城堡的功能是用來防衛是一種與事實不符的看法，因為最初的建造目的是用作進攻的工具。它的功能是作為專業士兵（尤其是騎士）的基地，並控制四周的鄉間地區。當國王的中央權力由於各種原因而衰落後，由城堡所構成的脈絡以及其支援的軍事武力，反而提供了政治上的相對穩定。

從西元九世紀開始，地方的強大勢力就開始以城堡占據歐洲各個地區。這些早期的城堡設計和建造大多簡單，慢慢發展為堅固的石材建築。它們多屬於國王或國王的臣屬，雖然貴族辯稱他們是因為受到蠻族的威脅才建造城堡，但事實上他們用它來確立對地方的控制。由於歐洲地區沒有戰略性的防衛地形，而當時又沒有一個強大的中央集權政府，這種情況經常發生。

法國的普瓦都地區是歐洲遍布城堡的最佳例子。在西元九世紀維京人入侵之前，那裡只有三個城堡；但到了西元十一世紀時，城堡已經增加到了三十九個。這個發展模式在歐洲其他地區都可找到，因為可以快速地就築起城堡。在火砲出現之前，城堡的防衛者比攻城占有更大的優勢。

遍布的城堡和為了防衛而供養的大批士兵，不僅沒有帶來和平、對抗入侵者，反而助長了不斷發生的戰爭。

腦補知識

城堡的外堡

堅固的城堡有外城門和內城門，而兩道城門之間的開放區域就被稱作外堡。它被城牆包圍，設計的目的是讓穿越外城門的入侵者落入陷阱。攻城者一旦到了外堡，就只能從外城門撤退或向內城門繼續進攻；此時，進攻者往往淪為弓箭和其他投射武器的攻擊目標。

在沒有戰爭的時候，只要少數的士兵就能防衛城堡。在晚間，所有的吊橋都會被吊起，閘門落下以緊閉門口。如果是在被攻城的威脅下，自然就需要更多的兵力去防衛城堡了。

當攻城者攻擊或企圖排走護城河裡的水來填平壕溝時，就需要配置足夠的弓兵和弩兵，從城牆上或箭塔上向攻城者射擊。只要攻擊能造成傷亡，就可打擊攻城者的士氣並降低其作戰實力。如果能以投射武器開火，對攻城者做出猛烈的打擊，更可能就此將其驅離。

如果攻城者採取緊密的肉搏戰，就需要戰鬥力強大的劍兵加以對抗。士兵必須從平臺上投下石頭或澆下沸騰的液體，也必須修復受到破壞的城牆，或使用燃燒中的投射武器向敵人丟擲火焰。積極的防衛者會尋找機會從城堡衝出，突襲攻城的軍隊。快速的突襲主要可燒毀城牆下的攻城塔或投石機，以拖延攻城的進度並打擊攻城者的士氣。

另外在危急的時候，地方上的農民會被徵召服役。雖然他們沒有接受過弓與劍的相關訓練，卻可以擔任許多其他任務。

何謂歐洲隧道

英吉利海峽隧道，又稱英法海底隧道或歐洲隧道，是連接英國英倫三島與歐洲法國的鐵路隧道。它貫穿英吉利海峽最窄處，西起英國東南部港口城市多佛爾附近的福克斯通，東至法國北部港口城市加來。

歐洲隧道由三條長五萬一千公尺的平行隧洞組成，總長度十五萬三千公尺，其中海底部分長三萬七千公尺。整個隧道由兩條直徑為七點六公尺的火車隧道和一條直徑為四點八公尺的服務隧道組成。兩條火車隧道之間相距三十公尺，火車隧道與服務隧道間每隔三百七十五公尺有一條橫向通道，用於隧道維修，以及在發生事故時緊急疏散乘客。

從一九八六年二月十二日，法、英兩國簽訂關於隧道連接的坎特布利條約，到一九九四年五月七日正式通車，歷時八年多，耗資約一百億英鎊，成為世界上規模最大的私人資本建造工程。

黃土高坡上的窯洞

人類的居室大多都因地制宜而營造，這在黃土高原尤為突出。黃土高原的土崖畔上，正是開掘洞窟的天然條件。土窯洞製作省工省力，冬暖夏涼，十分適宜居住。而窯洞之所以冬暖夏涼，有一個重要的原因，就是在於它有一個厚厚的「屋頂」。陝北的窯洞屋頂上可供行人走動，也可以牽馬走動，甚至重量沉重的車子也可以通過。即便是磚窯土窯，屋頂上也要覆蓋一層厚厚的土，因此才使得窯洞能保溫隔熱，猶如大自然的空調。

另外，窯洞的屋頂和牆壁，既不能直接從大氣中吸熱，也不能直接向大氣中散熱，只有窯的洞口能夠直接和外界接觸。因此，窯洞裡的氣溫變化總是落後外界的氣溫變化，室內室外的溫差還是有所落差。

牌坊的用途

牌坊，是封建社會為表彰功勳、科第、德政以及忠孝節義所立的建築物；也有一些寺廟以牌坊作為山門；還有部分是用來標示地名的。牌坊也是祠堂的附屬建築物，昭示家族先人的高尚美德和豐功偉績，兼有祭祖的功能。

牌坊由欞星門衍變而來，開始用於祭天或祭祀孔子。欞星原作靈星，靈星即天田星。為祈求豐年，漢高祖規定祭天先祭靈星。宋代則用祭天的禮儀來對待孔子，後來又改靈星為欞星。

牌坊起源於漢代，成熟於唐、宋，再至明、清時代達到登峰造極，並從實用衍化為一種紀念碑式的建築，被廣泛地用於旌表功德標榜榮耀，不僅置於郊壇、孔廟，還用於宮殿、廟宇、陵墓、祠堂、衙署和園林前和主要街道的起點、交叉口、橋梁等處，景觀性也很強，產生點題、框景、借景等效果。

就其建造意圖來說，牌坊可以分為四類，第一類是功德牌坊，為某人記功記德。如山東省桓台縣新城鎮「四世宮保」牌坊，是明朝萬曆皇帝為當時新城人兵部尚書王象乾所建。王象乾文韜武略，威震九邊，加宮晉爵成太子太保，追贈曾祖、祖父、父親太子太保、兵部尚書之銜，故額題「四世宮保」。第二類是貞潔道德牌坊，多表彰堅守節操的婦女，在安徽歙縣有許多這類牌坊。雲南楚雄黑井鎮也有一座節孝總坊，是清朝末年由慈禧太后下令建造的，同樣為表彰當地堅守節操的婦女。第三類是標誌科舉成就的，多為家族牌坊，為光宗耀祖之用。第四類為標誌坊，多立於村鎮入口與街上，作為空間段落的分隔之用。

門墩的用途

中國古代的庭院建築中，在大門以及二門的兩側都配有門枕石，門枕石也被稱為門墩。那麼，這種門墩是否是用來坐的呢？

其實，門墩當初只是起支撐、固定院門的作用，為了讓門栓的基礎穩固，防止大門前後晃動，原本的用意並不是用來坐的。只是隨著時代的發展，有人就把門墩的外側部分刻上了一些裝飾性的線條，後來又有人在線條中刻上了花紋，使門枕石更加美觀，增加了觀賞性。於是，門墩就逐漸成為精美的藝術品了。

據考證，門墩早在西元前二〇六年到二二〇年，在早期的漢代中國老式住宅四合院就開始使用了。以北京地區來說，門墩應該盛行於清代，衰退於民國時期。

門墩的材料絕大部分是是清白石，極少部分是漢白玉，有方、圓兩種造型。方形的造型俗稱門枕石，圓形的造型像一個鼓，此造型就叫抱鼓石。因為方形和圓形都有數個較大的面，人們為了美化它，便在上面雕刻出各種圖案。常見的有萬字紋，部分外表也會雕刻吉祥圖案。

門墩的選材與雕刻頗為講究，工藝須精湛，雕刻技術上也須能呈現栩栩如生的模樣。圖案以蓮花最為常見，還有麒麟臥松、蝶入南山或做成五世同居的圖案。在鼓形上面一般都雕刻一隻站獅、蹲獅、臥獅。另外，圖案的選擇取決於整個房宅的設計，因為門墩是中國古代住宅大門不可缺少的組成部分，所以在雕刻門墩的圖案時，要考慮圖案與大門的寬窄，與影壁、門洞、垂花門、月亮門、門簪的整體組合。只有將它們有效率地結合在一起，才能顯示出建築與主人地位的融合，甚至連主人的特點和喜好都表示得淋漓盡致。

世界上最早的地鐵

世界上最早的地鐵出現在英國倫敦。十九世紀中葉，倫敦發展迅速，在這龐大帝國的中心，當數以千計的新房屋、商店、辦公樓和工廠為日益膨脹的勞動大軍而建造起來時，城市的壅塞程度已迫在眉睫。人民開始出現交通上的需求，轉而追求更為快速、便捷的運輸工具，以緩解狹窄街道上擁擠車輛帶來的交通壓力。

解決這一難題的辦法有兩種，一是建高架鐵路，二是建設地鐵。但是，建設高架鐵路的投資數目龐大，而且建造鐵路須占據相當大的空間。因此，人們對建造地鐵更感興趣。於是一八六〇年，倫敦當局正式開工建造地下鐵路。

但是，英國最早的地鐵實際上應屬於一八二二年建成的一點八公里地下隧道。一八二二年，英國人史蒂芬遜決定在利物浦和曼徹斯特之間鋪設鐵路，供「火箭號」行駛。但是，鐵路周圍的居民，以及擔憂因鐵路增設而影響生意的馬車商人，強烈反對修建這條鐵路。由於不能在市內修建，不得不開挖一千八百公尺的地下隧道供火車行駛。這一段供火車通過的地下隧道，雖然算不上真正的地鐵，但是在地鐵的發展史上還是占有一定的位置的。正是因為這件事，為火車的發展開闢了新的通路。

那時，英國也為地鐵施工創造了條件。當時有個叫布魯納的英國人，在倫敦的泰晤士河下面開挖了隧道，採用的是一種「盾構法」，即透過在地下深處安裝圓管不斷挖掘。這條隧道是一八五二年竣工的。一八六〇年倫敦地下鐵路開工時，人們也準備用盾構法修建地下鐵路。

世界上首條地下鐵路系統是在一八六三年開通的倫敦大都會鐵路「首都鐵路」。當時電力尚未普及，所以即使是地下鐵路也只能用蒸汽機車。由於火車所釋放出的廢氣對人體有害，所以當時的隧道每隔一段距離便有一個和地面打通的通風管道。到了一八七〇年，倫敦開通了第一條客運的鑽挖式地下鐵，在倫敦塔附近越過泰晤士河。但這條鐵路並不算成功，數月後便關閉了。

現存最早的鑽挖式地下鐵路是在一八九〇年開通的，亦是在倫敦，連接市中心與南部地區。最初鐵路的建造者計劃使用類似纜車的推動方法，但最後用了電力機車，使其成為第一條電動地下鐵。早期在倫敦市內開通的地下鐵亦於一九〇五年全部電氣化。

四合院的由來

四合院，是中國華北地區民用住宅的一種組合建築形式，是一種四四方方或者是長方形的院落。這種院落一般出入一個院門，平時將院門關閉，就處於一種完全封閉狀態。四合院的院門，大都用木板大門。院中有正房，即北房，這也是院中的主房。一般四合院的走向是坐北朝南的，東西兩側為東西廂房。東西廂房一般都比較對稱，建築格式也大體相同或相似。南面建有南房，與北房相對應。整個四合院大都按照中國傳統，採用對稱的辦法建構而成。在南北、東西房形成的角落中，也有耳房。耳房有的用來儲存糧食，成為糧庫及其它庫房，或是當作廚房；一般是西南角為廁所，而東南角則大多是院子的大門。這種四合院的設計，在山西的縣城及其附近的農村較為普遍。也有一些地方的院落，大門是開在南向中央的。

四合院的居住方式能夠沿續幾千年，它的社會背景和思想理念就是宗法制度。宗法制度在古代是以家族為中心，按照直系血親與旁系血親區別親近或遠房的原則。宗法制度展現在居住形式上，於是出現了以聚族而居的群落，進而形成庭院形式的四合院。按照封建宗法理念設計的四合院，最能展現古代社會長幼有序、上下有分、內外有別的特點。在家族制度基礎深厚的中國，四合院尊崇共同的祖先，維繫親情，並展現不同宗族成員的不同地位。無疑，四合院加強了宗族內部的凝聚力。同一宗族的人有共同的祖先，共同的住所，共同的墓地，這種宗法制度是維繫中國封建社會傳承千年的精神支柱，而四合院則是這種思想理念的物質家園。

四合院的形成與中國古代的風水理論也有很大關係。風水理論又被稱為「理義之術」，實際上是因為風水理論妥善處理了以《周禮》為鼻祖的古代社會之倫理道德觀念，並在實踐活動中貫徹始終。北京的胡同、四合院歷經千百年而不衰，即證明這一天人合一的建築物化形態契合並滿足了世俗觀念及現實生活中的種種需要。四合院風水最講求的是大門，所謂一門定吉昌。四合院大門是內外空間分隔的重要標誌。北京四合院的大門都在東南角（前左角），稱為青龍門，風水學稱這種布局為坎宅巽門。風水術最忌後牆，不宜開中門，因為恐怕洩氣。因此，北京四合院後門無一開在後牆中部者。

腦補知識

四合院的如意門

如意門是京城四合院住宅最普及、最常見的一種院門形式。如意門是屋宇式大門中的一種，北京四合院的屋宇式大門還包括王府大門、廣亮大門、金柱大門和蠻子門。舊時，如意門的屋主不像王府大門、廣亮大門、金柱大門的宅主那般，擁有相當的政治地位和等級，也不像蠻子門的屋主在經濟上有多富裕。因此，如意門多為一般普通百姓所採用，其形制不算太高，因而不受封建等級制度的限制。也正是基於這一點，宅主們可根據自己的喜好和經濟狀況對如意門進行裝飾，也可素面朝天。所以說，透過細心觀察和耐心研究如意門的裝飾，就能得知當時屋主們的生活信仰、人生觀、價值觀以及閒適的玩趣等。

如意門與其他屋宇式大門的最大區別在於，其前簷柱間砌牆，在牆正中位置留出門洞，安裝門扇。門洞左右上角各挑出一組「如意」形狀的磚雕，俗稱「象鼻梟」。門楣上方安裝兩個門簪，並刻有「如意」二字，除了這種鋟字類型的門簪，還有素面和雕花等類型。

南北方居民的差異

中國南方的民居多採用穿斗式結構，房屋組合比較靈活；住宅院落很小，四周房屋連成一體；房屋的山牆形似馬頭，建築多粉牆黛瓦，顏色淡雅。院落進門處一般有天井，旁邊有一個石水槽，用來洗菜和洗衣服。在南方，富人們喜歡讓住房連著花園，形成一片雅致的園林。

而北方的民居則以窯洞和四合院為主。四合院是北京傳統的住宅形式，比例的大小適中，正房冬暖夏涼，庭院是戶外活動的場所。西北地方的窯洞，是在黃土高坡向陽面挖窯築洞，在窯洞的前面用磚砌成拱形門洞，並做出花飾，既產生黃土穩定的作用，又能美化環境，用材簡單，手法自然。

南北民居的差異也展現在屋面用料的差異之上。南方民居均採用較大坡度的屋面，用小青瓦連接鋪蓋；而北方民居採用平屋面或稍平的坡屋頂，屋面材料少數會採用三合土，鋪蓋的瓦片厚而大。南方雨水多，必須防漏，屋頂材料要求高；北方乾燥，屋頂材料要求不如南方高。在外牆用料上，南方民居採用磚砌空斗牆比較多，也有木板建構而成的；而北方民居則採用三合土築牆、土坯牆和磚實牆。

至於層數與高度，南方民居以二層磚木結構為主，內牆隔斷木板，樓板也用木板，房子層高較高；北方民居一般為單層，頂多在正房後有後罩樓，材料以磚土為主，牆較厚，高度一般不高，開拓的空間也比南方民居來得狹小。

造成南北民居差別的原因主要是地域環境不同。北方的民居首先要解決禦寒保暖的問題，所以在北方，民居多單面窗向陽開，並且建暖炕、暖牆、火牆、地爐等。北方天氣乾燥，需要造水窯供人們使用；同時周圍須建造高牆，以便防盜。至於南方民居，首先要考慮炎熱潮溼的氣候特點，所以居室牆壁要高，空間除了要大，前後門也須貫通，便於通風換氣。南方地形複雜，住宅院落小，房屋組合靈活，適於起伏不平的地形。而高出屋頂的山牆，既能產生防火的作用，同時也是一種具有特色的裝飾。南方民居外牆多用白色，有利於反光。房子顏色素雅，在夏天給人一種清爽宜人之感。

天壇的用途

天壇地處北京外城的東南部，位於故宮正南偏東的城南，正陽門外東側。建於明朝永樂十八年（一四二〇年），是明清兩朝帝王祭天、祈穀和祈雨的場所。明永樂以後，每年冬至、正月上辛日和孟夏（夏季的首月），帝王們都要來天壇舉行祭天和祈穀的儀式。如果遇上雨量稀少的年分，還會在圜丘壇進行祈雨活動。在祭祀之前，通常需要齋戒。祭祀時，除了獻上供品，皇帝還要率領文武百官朝拜禱告，以祈求上蒼的垂憐施恩。

據史料記載，中國古代正式祭祀天地的活動可追溯到西元前兩千年，尚處於奴隸制社會的夏朝。中國古代帝王自稱「天子」，他們對天地非常崇敬。歷史上的每一位皇帝，都把祭祀天地當成一項非常重要的政治活動。而祭祀建築在帝王的都城建設中具有舉足輕重的地位，必集中人力、物力、財力，以最高的技術水準、最完美的藝術去建造。在封建社會後期建造的天壇，是中國眾多祭祀建築中最具代表性的作品。天壇不僅是中國古建築中的明珠，也是世界建築史上的瑰寶。

腦補知識

西安天壇

中國現存的天壇共有兩處，一處是北京天壇，另一處則是西安天壇。西安天壇位於西安南郊天壇路南，初建於隋，而廢棄於唐末，是皇帝進行祭天活動的禮儀建築，也是西安作為古都，保存得較完好的皇家建築。原為土堆，作為「唐天壇遺址」保護。唐代二十一位皇帝中除順宗、哀宗外，其他皇帝均在此處進行過祭天的禮儀。

因紐特人的建築方式

冰是冷的象徵，一提到它，人們就會不寒而慄。但是，在冰雪凜冽的冬天，生活在北極圈裡的因紐特人卻用冰壘成的房屋，熬過嚴寒的冬天。

在北極圈內，冬天的天氣和一般人所熟悉的不太一樣。冬天的時間特別長，通常會維持半年以上；再者，黑夜的時間也特別長。在因紐特人生活的地方，冬天的太陽不是早晨從東方出來，傍晚到西邊落下，而是每天僅在正南方顯露一下，讓人們說不清那時是早晨還是傍晚。所以在北極圈內，冬天的日照時間非常非常短，那裡冬天的氣溫往往低到負五十度。再加上寒風不斷地襲擊，因紐特人沒有辦法在北極圈的冬天進行野外生活。他們必須想方設法建房保溫，防寒過冬。

在北極圈內，有取之不盡的冰、用之不竭的水。每當冬天到來之前，因紐特人都要建造冰屋。人們通常就地取材，先把冰加工成一塊規則的長方體，這就是「磚」，用水作為「泥」。材料齊全以後，因紐特人便會在確定的建築地點上，潑上一些水，疊上一些冰塊，再潑一些水，再疊一些冰塊；過程持續重複，直到水與冰塊結凍，就成為一個完整的的冰屋。這種房屋的結構十分結實，被譽為因紐特人的藝術傑作。

那麼，因紐特人的冰屋是如何產生保暖防寒作用的呢？首先，由於冰屋結實不透風，能夠抵禦寒風，所以住在冰屋裡的人，可以免受寒風的襲擊。其次，冰是熱的不良導體，能很好地隔熱，屋裡的熱量幾乎不能透過冰牆傳導到屋外。

而凍結成一體的冰屋沒有窗戶，門口掛著獸皮門簾，可以大大減少屋內外空氣的對流。正因為如此，冰屋內的溫度可以保持在零下幾度到十幾度，這相對於負五十度的戶外要暖和多了。當因紐特人穿上皮衣，在這樣的冰屋裡也可以安全過冬了。當然，冰屋裡的溫度比起我們冬天的室內溫度要低得多，而且冰屋裡也不允許生火取暖，因為冰在零度以上就會融解成水。

當北半球轉入夏天時，北極圈內的氣溫便不斷升高。溫度一旦超過零度，冰屋就會慢慢地融解。當下一個冬天到來之前，因紐特人又要再造新的冰屋。

如今，隨著科學技術的進步和交通運輸的發展，現代的因紐特人已經有了用鋼筋、水泥建造的永久性住宅。但是回顧歷史，冰屋在因紐特人的生存和發展中，始終有不可或缺的重要發展與歷史意義。

世界上最長的牆

中國的萬里長城號稱是世界上最長的牆。長城是中國古代人民創造的偉大奇蹟，是中國悠久歷史的見證。因其長度逾萬里，故又稱作「萬里長城」。

春秋戰國時期，各國諸侯為了抵禦別國入侵，因此開始修築烽火臺，並用城牆連接起來，形成最早的長城，而往後的歷代君王通常都會加固增修。

長城位於中國的北部，東起鴨綠江，西至內陸地區甘肅省的嘉峪關，橫貫河北、北京、內蒙古、山西、陝西、寧夏、甘肅等七個省、市、自治區，全長約六千七百公尺，在世上有「萬里長城」之譽。

長城東西南北交錯，綿延於中國遼闊的土地上。萬里長城好似一條巨龍，翻越巍巍群山，穿過茫茫草原，再跨過黃沙滾滾的沙漠，最後奔向遼闊的大海。根據歷史文獻記載，長城超過五千公尺的有三個朝代，一是秦始皇時修築的西起臨洮，東止遼東的萬里長城；二是漢朝修築的西起今新疆，東止遼東的內外長城和烽燧亭障，全長一萬多公里；三是明朝修築的西起嘉峪關，東到鴨綠江畔的長城，全長八千八百五十一點八公尺（二〇〇九年修訂）。若把各個時代修築的長城總計起來，大約在五萬公里以上。這些長城的遺址分布在中國今天的新疆、甘肅、寧夏、陝西、山西、內蒙古、河北、北京、天津、遼寧、黑龍江、河南、湖北、湖南和山東等十多個省、市、自治區。其中僅內蒙古自治區境內就有遺址一點五萬多公里，其次是甘肅的長城。

由於時代久遠，早期各個時代的長城大多殘毀不全，現在保存比較完整的是明代修建的長城。所以一般人提及長城，主要指的是明代長城，所稱長城的長度，也指的是明代長城的長度。

影壁的用途

南方人稱影壁為照壁，古代稱為「蕭牆」，因而有「禍起蕭牆」之說。舊時人們認為，自己的住宅中不斷有鬼魂來訪，但如果是自己祖宗的魂魄，回家是被允許的，如果是孤魂野鬼住進宅子，就會給自己帶來災禍。如果有影壁的話，鬼看到自己的影子，會被嚇走。

在中國古代，影壁的設置是分成等級的。據古代西周禮制規定，只有宮殿、諸侯寶那、寺廟建築等地方可建築影壁。它作為一組建築物的屏障，故又稱「屏」。行人路過不能窺見院內，如乘車、轎來訪，客人也可在影壁前稍停，整理衣冠，然後入院拜訪主人。除此之外，影壁還可以烘托氣氛，增加住宅氣勢。

四合院的影壁是後來慢慢出現的。影壁建在四合院大門的對面或大門內對著門外，為了遮擋大門對面外的雜亂建築物，使人們站在大門前感覺到寬闊、整潔，同時也表明了四合院的內外有別。按古代風水學家講，門前的影壁和院內的影壁是為了使氣流圍繞影壁而行，聚氣則不散，起擋煞的作用；另有《龍經》中記載，直來直去損人丁的說法。但因四合院的大小不同，住宅內的主人身分不同和門的大小不同，所以影壁在建造上有一定的規矩。

四合院中常見的影壁有三種，第一種位於大門內側，呈一字形叫做一字影壁；大門內的一字影壁有獨立於廂房山牆或隔牆之間的，稱為獨立影壁；如果在廂房的山牆上直接砌出牆帽並做出影壁形狀，使影壁與山牆連為一體，稱為座山影壁。

第二種是位於大門外面的影壁，這種影壁坐落在胡同對面，正對宅門，一般有兩種形狀，平面呈「一」字形的，叫一字影壁；平面成「冂」形的，稱雁翅影壁。這兩種影壁或單獨立於對面宅院牆壁之外，或倚砌於對面宅院牆壁，主要用於遮擋對面房屋和不夠整齊的房角簷頭，使經大門外出的人有整齊美觀的感受。

還有一種影壁，位於大門的的東西兩側，與大門簷口成一百二十度或一百三十五度夾角，平面呈八字形，稱作「反八字影壁」或「撇山影壁」。做這種反八字影壁時，大門要向裡退進二至四公尺，在門前形成一個小空間，可做為進出大門的緩衝之用。在反八字影壁的烘托陪襯下，宅門顯得更加深邃、開闊、富麗。

影壁是北京四合院大門內外的重要裝飾壁面，主要作用在於遮擋大門內外雜亂單一的牆面和景物，美化大門的出入口。人們在進出宅門時，迎面看到的首先是疊砌考究、雕飾精美的牆面和鑲刻在上面的吉辭頌語。

第三章　發明創造

火車的發明者

歐洲的工業革命使機器代替了手工業。不過，機器工業也需要大量的燃料、原料，也要把生產出的產品送往各地。而在十九世紀以前，運輸依靠水上船舶，陸地上只能依賴馬車。這樣的交通模式與工業發展的需求不符。

那個時代鐵路已誕生，可是行走在鐵軌上的車大部分是用馬拉的。一七八三年，曾在瓦特工廠工作的默多克造出了一臺用蒸汽機作為動力的車子，但未經改良，效果不甚理想。一八〇七年，特里維西克和衛維恩造出了在普通道路上行走的蒸汽車子。但由於車子過於笨重，在普通道路上難以行駛，他們最後放棄了這個發明。

史蒂文生總結兩人失敗的原因，開始研製蒸汽車子，他改進了產生蒸汽的鍋爐，把立式鍋爐改成臥式鍋爐；並做出了一個極有遠見的重大判斷，那就是決定把蒸汽車子放在軌道上行駛。史蒂文生在車輪的邊上加了輪緣，以防止出軌；又在承重的兩條路軌間加裝了一條有齒的軌道。因為當時考慮蒸汽車子在軌道上行駛，雖可避免在一般道路上因自身太重而難以行走的缺點，可在軌道上也會產生車輪打滑的問題，所以又在車子上裝上棘輪，讓它在有齒的第三軌上滾動而帶動車子向前行駛。

一八一四年，史蒂文生的蒸汽火車頭問世了。他的這項發明總共有五噸重，車頭上有一個巨大的飛輪。這個飛輪可以利用慣性幫助機車運動，史蒂文生為他的發明取了個名字叫「布魯克」。這個布魯克可以帶動總重約三十噸的八節車廂。在以後的十年中，史蒂文生接著製造了十一個與布魯克相似的火車頭。

不過，史蒂文生的新發明也有很多缺點，首先是震動太大，其次是速度不快。因此，史蒂文生經過改進，重新設計了一輛火車。在設計製造火車的同時，他說服了皮斯先生。當時的，皮斯先生正在計劃鋪設從斯托克頓到達靈頓供馬拉車用的鐵軌，皮斯聽了史蒂文生的建議，就委託對方製造一臺火車頭。史蒂文生受委託後，終於造出了一輛更先進的蒸汽火車頭，他將它命名為「旅行號」。

一八二五年九月二十七日，史蒂文生在英國的斯托克頓親自試行。火車後面連接著十二節煤車以及二十節車廂，車廂裡載著約四百五十名旅客。這列火車以每小時兩千四百公尺的速度，從達靈頓一路行駛到了史塔克頓。這代表著火車的誕生，鐵路運輸業也從這天開始了。

到此時，火車的優越性就充分展現出來了，速度快、平穩、舒適、安全可靠。隨即在英國和美國掀起了一個修築鐵路、建造機車的熱潮。一八三二年，美國就修建了十七條鐵路。蒸汽火車也在這段時間有了很大的改進，從最初史蒂文生建造的兩對輪子的車子，一直發展到五對，甚至六對輪子。而史蒂文生繼續作為這個革命性運輸工具的發明者和宣導者，解決了火車鐵路建築、橋梁設計、機車和車輛製造的許多問題。史蒂文生還在國內和國外許多鐵路工程中擔任顧問。就這樣，火車在世界各地很快發展起來了。直到今天，火車仍然是世界上重要的運輸工具，在國民經濟中發揮巨大的作用。

荷蘭風車的用途

因為地勢低窪，荷蘭總是面對海潮的侵蝕，為了維護生存環境，荷蘭人築壩圍堤，向海爭地，創造了高達九公尺的抽水風車，營造了適宜生存的家園。

一二二九年，荷蘭人發明了世界上第一座風車。在漫長的時期內，人們都採用原始的方法加工輾磨穀物，最初是手工體力操作，接著是馬拉踏車和以水力推動的水車，之後才是風車。因為荷蘭平坦、多風，因此風車很快便得到普及。需求的迅速增加，帶動了風車技術的改造。

漸漸地，風車的用途也不再局限於輾磨穀物，而是發展到加工大麥、把原木鋸成桁條和木板製造紙張、從各種油料作物如亞麻籽、油菜籽中榨油，把香料磨碎製成芥末等。儘管用途多廣，人們還是更願意記住從前歐洲流傳的這句話：「上帝創造了人，荷蘭風車創造了陸地。」的確，如果沒有這些聳立的抽水風車，荷蘭無法從大海中取得近乎國土三分之一的土地，也就沒有後來的乳酪和鬱金香的芳香。

雖然荷蘭已是一個現代化的國家，令人驚奇的是它並未失去古老傳統，象徵荷蘭民族文化的風車，仍然廣泛出現在荷蘭的各個角落運轉。在這個「風車之國」，在數百年前的全盛時期，風車有近萬個。但是其它動力機械的問世，如蒸汽機、內燃機和電動機，漸漸將風車技術淘汰了，直至今日還剩餘近千個。而荷蘭人為了紀念風車，也為了表示風車對於荷蘭歷史的重要性，因此決定每年五月的第二個星期六為「風車日」。這一天，全國的風車同時轉動，舉國歡慶。

腳踏車的發明者

關於腳踏車的歷史，有著諸多解釋。而第一種說法認為，中國是世界上最早發明腳踏車的國家。腳踏車的始祖是西元前五百多年中國的獨輪車。清康熙年間（西元一六六二至一七二二年），黃履莊曾發明過腳踏車。《清朝野史大觀》卷十一載：「黃履莊所制雙輪小車一輛，長三尺餘，可坐一人，不須推挽，能自行。行時，以手挽軸旁曲拐，則複行如初，隨住隨挽日足行八十里。」這就是世界上最早的腳踏車。

第二種說法認為，法國人西弗拉克發明了最原始的腳踏車。一七九一年，他研製了木製腳踏車，無車把、腳蹬、鏈條。車的外形像一匹木馬，腳下釘著兩個車輪，兩個輪子固定在一條線上。由於這輛腳踏車沒有驅動裝置和轉向裝置，座墊低，西弗拉克騎在車上兩腳著地，向後用力蹬，使車子沿直線前進。

第三種說法認為，發明腳踏車的是德國的一個看林人，名叫德萊斯（西元一七八五至一八五一年）。德萊斯原本是一個看林人，每天都要從一片林子走到另一片林子，多年走路的辛苦，激起了他發明交通工具的想法。德萊斯心想：「如果人能坐在輪子上，那不就走得更快了嗎？」就這樣，德萊斯開始設計腳踏車。他用兩個木輪、一個鞍座、一個安在前輪上起控制作用的車把製成了一輛輪車。人坐在車上，用雙腳蹬地驅動木輪運動。就這樣，世界上第一輛腳踏車問世了。

第四種說法認為腳踏車由俄國人發明。一八〇一年九月的一天，俄國農奴阿爾塔莫諾夫騎著自己製造的木製腳踏車行駛兩千五百公尺，趕到莫斯科向沙皇亞歷山大一世獻禮。阿爾塔莫諾夫製造的腳踏車與法國人西弗拉克製造的車較相似。亞歷山大一世見到阿爾塔莫諾夫製造的腳踏車，當即下令取消了他的奴隸身分。

第五種說法認為腳踏車是由英國人發明的。一八三九年，蘇格蘭人麥克米倫製造出木製車輪，裝上實心橡膠輪胎、前輪小、後輪大、坐墊較低、裝有腳踏板和曲柄連桿裝置，騎者可以雙腳離開地面的腳踏車。同年，麥克米倫又將木製腳踏車改為鐵製腳踏車。一八六七年，英國人麥迪森設計出第一輛裝有鋼絲輻條的腳踏車。

一八六九年，德國斯圖加特出現了由後輪導向和驅動的腳踏車，同時車上採用了滾動軸承、飛輪、腳剎、彈簧等部件。一八八六年，英國人詹姆斯把腳踏車前後輪改為大小相同，並增加了鏈條，使其車型與現代腳踏車基本相同。

一八八七年，德國曼內斯公司將無縫鋼管首先用於腳踏車生產。一八八八年，英國人鄧洛普用橡膠製造出內胎，用皮革製造外胎，以此作為腳踏車的充氣輪胎。從此，基本奠定了現代腳踏車的雛形。時至今日，腳踏車已成為全世界人們使用最多、最簡單、最實用的交通工具。

腦補知識

腳踏車運動

腳踏車運動是以腳踏車為工具比拼騎行速度的體育運動。一八九六年，第一屆奧林匹克運動會上被列為正式比賽項目。一九〇〇年，國際腳踏車聯盟成立，此後相繼舉辦世界腳踏車錦標賽（每年舉行一次），世界和平腳踏車賽（環繞柏林、華沙、布拉格一周，共兩千多公尺的多日賽），環法賽（環繞法國一周三千九百六十六公尺的多日賽）。

可口可樂的發明者

可口可樂是由美國喬治亞洲亞特蘭大藥劑師約翰．彭伯頓發明的。大約在一八七六年，彭伯頓看到一篇文章，文章的作者是七十八歲的英國醫藥協會會長羅伯特．克利斯蒂森爵士。這位老醫生說，單靠咀嚼古柯鹼，他空腹攀登了三千兩百二十四英尺高的本．沃爾利奇山。這激起了彭伯頓的興趣，他開始閱讀關於古柯樹的所有資料。但事情並非只有彭伯頓一人在做。早在一八八〇年，已有部分醫師和藥劑師做出有關可卡葉的相關報導，指出它的主要生物鹼——古柯鹼可以治癒鴉片上癮和嗎啡上癮。製造商也馬上做出反應，生產古柯鹼藥片、軟膏、噴劑、皮下注射針劑、古柯鹼葡萄酒、古柯鹼烈性酒、古柯鹼軟性飲料、古柯鹼粉等，甚至是古柯鹼葉尖頭與方頭雪茄。

一八八五年，「可口可樂」開始流行，然而此時的可口可樂只是一種塊狀的咀嚼煙餅。最著名的古柯鹼商業飲料的發明者是安傑洛．馬里亞尼，一個創業精神頗強的科西嘉人。一八六三年，他開始銷售浸泡古柯葉的波爾多紅葡萄酒。彭伯頓在一八八四年首次推向市場的法國古柯酒，當專利藥品供應商和醫生們都在為古柯葉和古柯鹼的出現而興高采烈之時，某些內科醫生和傳媒已經敲響了警鐘。一八八六年，一個德國醫生出版了一本後來被譯成多種語言的小冊子，嚴厲指責古柯鹼，稱它是「人類的第三次災難」。接著，此德國醫師的美國同行們也參與進來，與該名醫師一起嚴厲譴責古柯鹼。與此同時，薩姆．鐘斯牧師領導的禁酒運動，也導致了一八八五年十一月亞特蘭大禁酒令的結果。

用酒泡製的藥劑顯然已經沒有市場了，彭伯頓決定放棄以酒作為主要溶劑，開始嘗試各種主要成分是水果香精的揮發油。但彭伯頓覺得它們都太苦了，而加糖雖能掩蓋苦味，卻又成了膩人的甜飲料。為了既不苦又不膩，他加進了檸檬酸。

一八八六年早春季節，彭伯頓實驗出了新的古柯鹼和古柯鹼「禁酒」飲料。彭伯頓的會計師羅賓遜是一位古典書法家，為彭伯頓所發明的飲料取了一個響亮又易記的名字「可口可樂」，並用美觀的字體寫出來，而這個商標字體一直沿用至今。

咖啡的由來

和很多美味一樣，咖啡的最初發現也是偶然而又頗為傳奇的。傳說有一位名叫柯爾迪的阿拉伯牧羊人，在無意中發現有一隻山羊異常興奮，他感到非常奇怪，決心弄清楚原因何在，於是便開始留意觀察。

透過一連幾天的仔細觀察，柯爾迪發現那隻與眾不同的山羊特別愛吃山坡一棵樹上的紅漿果，一吃就興奮起來。他心懷探索的勇氣，也吃了那棵樹上的一些紅漿果。不一會兒的工夫，牧羊人便體驗到了那種神情振奮的感覺，情不自禁地跳起了歡快的舞蹈。

從那以後，柯爾迪每次到山坡放牧，都要品嘗紅漿果。有一次，他在吃紅漿果時湊巧被一位路過的歐洲傳教士瞧見了。科爾迪如實道來，傳教士聽後當即採摘了一些紅漿果。回到住所之後，傳教士將紅漿果清洗之後，然後用清水熬煮出咖啡色。他耐心地品嘗，最初的口感有點苦，隨之而來的是神清氣爽，渾身都煥發出一種活力。從此，他每天都要煮一壺紅漿果飲料滋潤自己。經過傳教士的熱心宣傳，周圍的群眾也都如法炮製。

咖啡的妙用得到初步驗證之後，傳教士又向歐洲商人介紹，這立刻引起了他們的高度重視。他們將咖啡樹移植到本土，並大面積推廣，引導人們消費。據文獻記載，古時候的阿拉伯人把咖啡豆曬乾熬煮後，將汁水當作胃藥來喝，認為這有助消化。後來，人們發現咖啡還有提神醒腦的作用，同時由於回教嚴禁教徒飲酒，因而就用咖啡取代酒精飲料，作為提神的飲料而時常飲用。十五世紀以後，到聖地麥加朝聖的回教徒陸續將咖啡帶回居住地，使咖啡漸漸流傳到埃及、敘利亞、伊朗和土耳其等國。

咖啡進入歐陸的最大原因，歸因於土耳其當時的鄂圖曼帝國。由於喜歡咖啡的鄂圖曼大軍西征歐陸，且在當地駐紮數年之久，在大軍最後撤離時，留下了包括咖啡豆在內的大批補給品，維也納和巴黎的人們得以憑著這些咖啡豆以及從土耳其人流傳下來的烹製經驗，發展出歐洲的咖啡文化。

腦補知識

咖啡的主要成分

咖啡的主要成分有咖啡因、單寧酸以及各種脂肪等。咖啡因具有特別強烈的苦味，可以刺激中樞神經系統、心臟和呼吸系統。適量的咖啡因也可減輕肌肉疲勞、促進消化液分泌。由於它會促進腎臟機能，有利尿作用，所以還能幫助體內將多餘的鈉離子排出體外。但攝取過多會導致咖啡因中毒。

咖啡在煮沸後，其中的單寧酸會分解成焦梧酸，所以沖泡過久的咖啡味道會變差。而咖啡中的脂肪主要是酸性脂肪及揮發性脂肪。酸性脂肪即脂肪中含有酸，其酸性強弱會因咖啡種類不同而異；揮發性脂肪是咖啡香氣主要來源，它是一種會散發出約四十種芳香物質。

咖啡中的蛋白質是熱量的主要來源，所占比例並不高。咖啡末的蛋白質在煮咖啡時，多半不會溶解出來，以至於攝取有限。

咖啡的生豆中所含的糖分約百分之八，經過烘焙後大部分糖分會轉化成焦糖，使咖啡形成褐色，並與單寧酸互相結合產生甜味。而咖啡生豆的纖維烘焙後會炭化，與焦糖互相結合便形成咖啡的色調。此外，咖啡中還含有少量石灰、鐵質、磷、碳酸鈉等礦物質。

巧克力的發明者

巧克力是外來詞「Chocolate」的譯音。最早期的巧克力，起源於墨西哥地區，當時生活於古代的印第安人已擁有一種含可可粉的食物，它的主原料正是可可豆，味道苦澀，容易刺激味蕾。大約在五百多年前，美洲就已經生產出可可豆了。

可可豆是一種植物的種子，營養豐富，功用獨特，深受當地居民的喜愛。由於產量低、價格貴，再加上可可樹四季常青，因此也被人們稱為「綠色的金子」。十六世紀初，當偉大的航海家哥倫布第四次出航，經過這塊生產可可豆的土地時，驚奇地發現一種植物的果實——也就是可可豆正在當地作為「貨幣」使用。在市集上，一個奴隸的標價為兩千一百粒可可豆。見多識廣的哥倫布也不禁驚訝，他用自己攜帶的東西向當地的印地安人換了一些可可豆，並將這些種子帶回西班牙。可是，當時的歐洲人對可可豆並不感興趣。大部分歐洲人只是偶爾使用可可豆提神，或將可可豆作為利尿的藥品使用。

一五二八年，西班牙探險家科爾特斯回到西班牙，向國王敬獻了這種由可可豆製作而成的飲品。只是考慮到西班牙人的飲食特點，科爾特斯另外添加蜂蜜來代替樹液和胡椒粉。從那以後，可可豆製成的飲品風靡了整個西班牙。之後一位名叫拉思科的商人，採用濃縮、烘乾等辦法，成功生產出固體狀的可可豆飲品。拉思科將此稱作「巧克力」(Chocolate)。而拉思科發明的巧克力，也就是第一代巧克力。

後來大約在十六世紀，西班牙人試圖將甜味與巧克力融合，西班牙人將可可粉、香料以及蔗汁攪拌在一起，製成了口感香甜的飲品。一七六三年，英國商人將巧克力引進到英國。英國生產商根據國人的口味，在原料裡增加了牛奶和乳酪，於是，「奶油巧克力」又誕生了。

一八七六年，一位名叫彼得的瑞士人別出心裁，在上述飲料中再加入一些牛奶，這才完成了現代巧克力創造的全過程。因為當時的巧克力可可粉中含有油脂，無法與水、牛奶等融為一體，因此巧克力的口感不是那麼好。直到一八二九年，荷蘭科學家豪威發明了可可豆脫脂技術，才使巧克力的色香味接近完美。而這就是第三代的巧克力，也就是現在社會大眾所享用的巧克力。

腦補知識

巧克力會讓人發胖嗎？

很多人認為吃巧克力會發胖，其實，只有食用過量的巧克力才會使人發胖。從巧克力所釋放的熱量上看，其實無須擔心巧克力會有讓人發胖的危險。一塊完整的巧克力（重量一百克），所含的熱量不比一份麥當勞炸薯條（重量兩百克）所含的熱量多。有些廠商推薦消費者購買淡巧克力，其實這些淡巧克力所含的脂肪多於純巧克力。事實上，淡巧克力主要是減少了含糖量（用甜味物質來替代糖）。從絕對數值上看，淡巧克力所含的熱量僅比普通巧克力所含的熱量少了百分之十四。再者，淡巧克力的口感很一般，實際上只有糖尿病患者才會專門食用淡巧克力。

漢堡的發明者

漢堡被稱為西方速食之一。漢堡一詞為英語直譯的中文名，同時含有音譯及義譯的元素在內。在英語裡的漢堡可以指漢堡本身，或是漢堡裡面由牛絞肉或其他夾有牛絞肉做成的肉餅。這一種肉餅，在中文用法裡普遍稱之為漢堡排，而漢堡則用來專指內餡夾了漢堡排的圓型餐包三明治。

關於漢堡的由來有幾種說法，第一種說法認為，「漢堡」這個名字起源於德國西北城市漢堡（Hamburg）。今日的漢堡是德國最為繁忙的港口，在十九世紀中葉，居住在那裡的人們喜歡把牛排搗成泥狀，再將肉泥做成肉餅，這種吃法被當時的大量德國移民傳到了美洲。一八三六年，一道名為「漢堡牛排」（Hamburgsteak）的料理出現在美國人的菜單上。從一本一九〇二年的烹飪手冊中我們可以看出，當時漢堡牛排的做法與現如今的作法已經很接近了，就是用碎牛肉和洋蔥，再佐以胡椒粉拌在一起。直到了二十世紀晚期，美國人對漢堡牛排的做法進行了改良，這就是現代漢堡的起源。

第二種說法認為，「漢堡」跟三明治相似，皆是以麵包搭配牛肉。而這種漢堡並非來自德國的漢堡，而是當時歐洲的居民大量向北美遷移時，有一艘名叫「漢堡——阿美利加」的郵輪，船隻的老闆為了賺錢，在船上把碎片牛肉剁成肉末，再加入麵包碎屑和洋蔥做成一種麵包肉餅。這種餡餅並不是真正的麵包，只是以這艘郵輪的名字而起名為「漢堡」。當這些移民到了北美後，覺得那種餡餅既經濟又實惠，便成了人們隨處可見的日常餐點，久而久之，「漢堡」便名揚天下。

第三種說法認為，漢堡發源於中世紀時的蒙古人和韃靼人所處部落中流行的烹調法。一樣把肉剁碎，並加工使其易於消化。十四世紀前傳到法國，稱為「漢堡牛排」；接著十九世紀傳到英國，由食品改革家索爾斯伯利進一步改革，並將其命名為「索爾斯伯利牛排」；最後一八八〇年傳到美國，取名為「漢堡牛排餅」。後來歷經無數的創新，漢堡牛排餅逐漸與三明治合而為一，將牛肉餅夾在一剖為二的圓形餐包當中，稱為「漢堡」。這種食物通常在午餐或點心時食用，是一種常見的速食食品，青少年與兒童更是喜愛有加。

還有一種說法認為，漢堡的發明其實和三明治、熱狗一樣。據說以前有一戶居住在美國的夫妻，因丈夫沉迷於賭博遊戲，連吃飯的時間都沒有，於是丈夫讓妻子給自己做了兩片麵包夾著火腿的食物。這就是史上第一個漢堡。丈夫吃了以後覺得十分美味，於是丈夫開了一家專賣漢堡的店，把漢堡的做法流傳下來。隨著後人的改進，人們往麵包裡夾的食材也越來越多，才成了現在美味的漢堡。

近年來，除了將麵包中間夾上傳統的牛肉餅外，還會在圓型餐包的第二層裡塗以黃油、芥末、番茄醬、沙拉醬等，再夾入番茄片、洋蔥、蔬菜、酸黃瓜等食物，就可以同時吃到主食與副食。這種食物食用方便、風味可口、營養全面，現在已經成為暢銷世界的方便主食之一。

水餃的由來

餃子是華人喜愛的傳統美食。餃子也被稱「嬌耳」，由被尊稱為醫聖的張仲景所發明。

張仲景為東漢末年人，在長沙為官時，常為百姓除疾醫病。有一年，當地瘟疫盛行，他在衙門口施藥救人，深得長沙人民的愛戴。張仲景從長沙告老還鄉後，走到家鄉白河岸邊，見很多窮苦百姓忍飢受寒，耳朵都凍傷了。張仲景的心裡非常難受，決心救治他們。當張仲景回到家，求醫的人特別多，忙得不可開交，但張仲景的心裡總惦記著那些耳朵凍傷的窮苦百姓。他仿照長沙的辦法，叫弟子在南陽東關的一塊空地上搭起醫棚，架起大鍋，在冬至那天開張，向窮人施藥治傷。

張仲景的藥名叫「祛寒嬌耳湯」，其做法是用羊肉、辣椒和一些祛寒藥材在鍋裡燉煮，熬好後再把這些東西撈出切碎，再用麵皮做成耳朵狀的「嬌耳」，下鍋煮熟後分給窮苦的病人。人們吃下後渾身發熱，血液通暢，兩耳變暖。一段時間後，這些窮苦病人被凍傷的耳朵就痊癒了。

張仲景施藥一直持續到大年三十。大年初一，人們慶祝新年，也慶祝耳朵康復，就仿嬌耳的樣子做過年的食物，並在初一早上吃。人們稱這種食物為「餃耳」、「餃子」，在冬至和大年初一時食用，以紀念張仲景的德行。

張仲景雖已逝世已久，但他發明的「祛寒嬌耳湯」的故事一直在民間廣為流傳。每逢冬至和大年初一，人們吃著餃子，心裡仍記掛著張仲景的恩情。今天，雖無須再用「嬌耳」來治療凍傷的耳朵，但餃子卻已成了人們最常見、最愛吃的食品。

冰糖葫蘆的由來

冰糖葫蘆酸甜適口，老少皆宜。不僅好吃，而且還外觀還十分賞心悅目，紅色的山楂果按大小排列穿在竹籤上，表面裹著一層晶瑩剔透的糖漿。

而關於冰糖葫蘆的來歷，據說是南宋紹熙年間，宋光宗最寵愛的黃貴妃生了怪病，突然變得面黃肌瘦，對於食物不感任何興趣。御醫用了許多貴重的藥品，都不見效。眼見貴妃一日日病重起來，皇帝無奈，只好張榜招醫。一位江湖郎中揭榜進宮，他在為貴妃診脈後說：「只要將『棠球子』(即山楂)以及紅糖煎煮，每次飯前吃五至十枚，半月後病情一定會好。」貴妃按此方服用後，果然如期病癒。宋光宗龍顏大悅，命皇宮各部如法炮製。

後來這種做法傳到民間，百姓對此食物進行改良，將食物串起來，就成了冰糖葫蘆。山楂的藥用功效很多，它能夠消食積、散淤血，驅絛蟲，止痢疾等，特別是助消化，自古為消食積之要藥，尤長於消肉積。也許是黃貴妃所食山珍海味堆積在腸胃，最後透過山楂解除了病痛。

明代傑出的醫藥學家李時珍也曾經說過：「煮老雞硬肉，入山楂數顆即易爛，則其消向積之功，蓋可推矣。」

何謂雞尾酒

雞尾酒是一種量少而冰鎮的酒。它是以蘭姆酒、金酒、龍舌蘭、伏特加、威士忌等烈酒或是葡萄酒作為基底，再配以果汁、蛋清、苦精、牛奶、咖啡、可可、糖等其他輔助材料，加以攪拌或搖晃而成的一種飲料，最後還可用檸檬片、水果或薄荷葉作為裝飾物。

雞尾酒的特點是一年四季一般都會加冰塊，配方有數萬種，色彩、味道各不相同，度數一般在零度至三十度之間。

雞尾酒的來源有幾種說法。第一種說法是一七七五年，移居於美國紐約曼哈頓的彼列斯哥在鬧市中心開了一家藥店，製造各種精裝酒販賣給顧客。有一天，彼列斯哥把雞蛋調到藥酒中出售，獲得一片讚許，從此門庭若市、生意鼎盛。當時紐約曼哈頓的人多說法語，他們用法國口音稱之為「科克車」，後來衍生成英語「雞尾」。從此，雞尾酒便成為人們喜愛飲用的混合調酒，花式的做法也越來越多。

第二種說法是有一名美國人克里福德，在哈德遜河邊經營一間酒店，而有一位名叫阿普魯恩的年輕男子，每晚都會到這間酒店。阿普魯恩是哈德遜河往來貨船的船員。日子漸久，他和克里福德的女兒艾恩米莉墜入了愛河。阿魯普恩的個性和善、工作踏實，因此克里福德對於這位年輕人並不反感，但又時常和他說：「年輕人，你想吃天鵝肉？給你個條件吧，你趕快努力當個船長。」阿魯普恩很有上進心和持之以恆的努力，他努力學習、工作，幾年後終於當上了船長，艾恩米莉自然也就成了他的太太。婚禮上，克里福德很高興，他把酒窖裡最好的陳年佳釀全部拿出來，調合成「絕代美酒」，並在酒杯邊飾以雄雞尾羽，外觀十分美麗。然後為女兒和女婿乾杯，並且高呼「雞尾萬歲！」自此，雞尾酒便廣為人知。

第三種說法是相傳美國獨立時期，有一位愛爾蘭籍女性，在紐約附近開了一間酒店。華盛頓軍隊中的一些美國官員和法國官員經常到這個酒店，飲用一種叫做「布萊索」的的飲品。這些人經常把老闆娘比作一隻小母雞取樂，老闆娘便想出一個主意教訓他們。她從農民的雞窩裡找出一根雄雞尾羽，插在「布萊索」杯子中，送給軍官們飲用，以詛咒這些公雞尾巴似的男人。客人見狀雖很驚訝，但無法理解，只覺得分外漂亮，因此有一個法國軍官隨口高聲喊道「雞尾萬歲」。從此，加以雄雞尾羽的「布來索」就變成了「雞尾酒」，並且一直流傳至今。

第四，傳說許多年前，有一艘英國船隻停泊在猶加敦半島的坎爾傑鎮，船員們都到鎮上的酒吧飲酒。酒吧樓臺內有一個少年，用樹枝為船員攪拌調酒。一位船員飲下後，感到此酒香醇非同一般。於是，他問少年這種酒叫什麼名字？少年以為他問的是樹枝的名稱，便回答說：「可拉捷、卡傑。」這是一句西班牙語，即「雞尾巴」的意思。少年原以樹枝類似公雞尾羽的形狀開玩笑地回答，然而船員卻誤以為是真的「雞尾巴酒」。從此，「雞尾酒」便成了混合酒的別名。

雖然雞尾酒的起源已經無從考證，但有一點是可以肯定的是，它的確誕生於美國。最初的雞尾酒是一種量很少的烈性冰鎮酒，再混合飲料，後來經過不斷發展變化，變成將兩種或者兩種以上的飲品，透過一定的方式，混合成為一種新口味的含酒精飲品。

腦補知識

雞尾酒的簡單分類

雞尾酒可以分為短飲和長飲兩類。短飲，為短時間飲用的雞尾酒，時間一長風味就減弱了。此種酒採用搖動、攪拌以及冰鎮的方法製成，使用雞尾酒杯。一般認為，雞尾酒在調好後十至二十分鐘飲用為佳。大部分酒精度數是三十度左右。

長飲，是調製成可用於消磨時間、悠閒飲用的雞尾酒，加入蘇打水、果汁等。長飲雞尾酒幾乎都是用大容量的杯子，是可加冰的冷飲，也有加熱水或熱牛奶的熱飲。儘管如此，一般認為在三十分鐘左右飲用為佳。與短飲相比，長飲大多酒精濃度低。

筷子的由來

筷子古稱箸，古籍《韓非子．喻老》中曾經記載：「昔者紂為象箸，而箕子怖。」紂王為商代末期的君主，可見早在西元前十一世紀，中國已出現象牙製造的筷子。也就是說，中國記載的用筷歷史已有三千多年了。

此外，民間關於筷子的傳說也不少，一說姜子牙受神鳥啟示發明絲竹筷，一說妲己為討紂王歡心而用玉簪作筷，還有大禹治水時為節約時間以樹枝撈取熱食而發明筷子的傳說等等。然而，促成筷子誕生最主要的原因應是熟食燙手。上古時代，因為沒有金屬器具，也因為獸骨較短、極脆、加工不易，於是先人就隨手採摘細竹和樹枝來撈取熟食。當時處於荒野的環境中，人類生活在叢林洞穴裡，最方便的材料莫過於樹木、竹枝。正因如此，小棍、細竹經過先人的發現、琢磨，使細竹成為先人夾取燙食時的夾子、蒸煮五穀時的攪拌工具等等，也因此，筷子的雛形逐漸出現。而這也是人類在特殊環境下的必然發展規律。

從現在筷子的形體來看，它還帶有原始竹木棍棒的特徵。即使經過四千餘年的發展，其原始性依然沒有改變。事實上，筷子的發明使用，對中華民族智慧的開發是有一定聯繫的。儘管是一雙簡單的筷子，但它同時具有在進食時做輔助的功能；與西方餐具相比，成雙成對的筷子又多一份「以和為貴」的含意。在民間，筷子被視為吉祥之物，出現在各民族的婚慶、喪葬等禮儀中。當現代人熟知筷子的妙用時，更增添對祖先的崇拜之情。

耳環的由來

耳環又稱「耳墜」，是人們戴在耳垂上的裝飾品，可用金、銀、翡翠、珍珠、瑪瑙等多種材料製成或鑲嵌而成。

佩戴耳環的由來，考證較為困難。主要有以下兩種說法。第一種說法稱，佩戴耳環最早用於避邪。遠古時期，人類佩戴各種各樣的動物牙齒、植物果實以及加工過的木石，為了免受天災和妖魔的暗算。同時，飾品還使人有別於動物或有別於其他部族。人們在裝飾自己的過程中，也漸漸擺脫了原始的野性，塑造了獨特的文化環境。

耳環在人類發展的各個時期、各個地方都是具有象徵意義的。在古羅馬，耳環標示著奴隸的身分——通常由擔任拉車工作的努米底亞人佩戴；宮廷小丑則在左耳朵裡戴一枚耳環；海盜在耳朵上戴長長的大耳環，希望以此博取上蒼的庇護。幾乎來自世界各個國家的航海者，自古以來就喜歡在橫渡赤道時掛一枚新耳環。而吉卜賽人會將耳環配戴在第一位孩子夭折之後，所生的第二個孩子。而哥薩克人會把氏族密碼放進佩戴的耳環，左耳戴耳環是家庭中最後一個孩子；右耳戴耳環是家族中最後一個孩子。按照哥薩克人家庭高於一切的傳統，首領在戰爭中應當保護這些人，無權派他們去冒生命危險。俄羅斯婦女為了保佑丈夫在戰爭中不受傷，也用耳環給他們做護身符。因此也就產生了這樣的諺語：「為了好朋友，連戴著的耳環也可以摘下來給他。」

然而隨著歲月的流逝，耳環的許多象徵意義都變得模糊，甚至完全消失了，如今無論耳環、手鐲、珠串還是項鍊，都成為順應美觀的裝飾品。

還有另一種說法是，相傳古代有一位患了眼疾的少女雙目失明。後來，她偶遇一位名醫，名醫認為少女可以重見光明。於是在徵得少女的同意後，名醫拿起閃閃發光的銀針，在少女兩側的耳垂中各刺一銀針後，奇蹟出現了，少女真的重見光明。對此少女非常感激，於是請銀匠精製一對耳環戴在耳上，以示永不忘記名醫之恩。當少女戴上銀耳環後，逢人就傳頌名醫的聲名。穿戴耳環能重見光明的奇蹟傳開了以後，許多富裕家族的少女和婦女都紛紛學習此裝扮，並流傳至今，耳環也成為高貴身分的象徵。

也有人認為耳環最早源於北方民族用於禦寒防風的金屬耳套。但比較可信的說法是，耳環最初是用於醫療而出現的。從現代醫學角度講，這種說法是有一定道理的。因為夾戴耳飾的耳垂中央，恰好是眼部的穴位。由此，佩戴耳環對保護視力、預防眼疾等都有著較好的療效。

牛仔褲的發明者

牛仔褲的發明者是十九世紀的美國人雅各布．W．戴維斯與巴伐利亞裔美國籍的李維．史特勞斯。一八五〇年，李維來到美國舊金山。他原來是一位布商，隨身帶著幾匹本來用於製作帳幕所用的帆布。他看到淘金工人穿著的棉布褲很容易破損，便將其帶來的厚實帆布剪裁成低腰、直腿、臀圍緊小的褲子，並進行出售，而此商品也順利受到了淘金工人的歡迎。後來牛仔也喜歡上了這種用帆布做成的褲子，從而漸漸流行起來。李維進而把褲料改為靛藍色的牛仔布，從此李維的生意越來越熱門。一八七一年，李維．史特勞斯將他的牛仔褲正式申請了專利，並成立現如今的「Levi's」公司，後發展成為國際性公司，李維的產品也遍及了世界各地。而裁縫師雅各布曾向李維提議，在牛仔褲的製作過程中添加「鉚釘」，可防止縫線鬆脫，並強化牛仔褲耐用。

牛仔褲最初為美國加州淘金工人所設計的簡約褲裝，後來變成了社會普及甚至喜愛的休閒服，如今社會上也可到處見到人們穿著。

腦補知識

牛仔的含義

牛仔「Cowboy」這個詞來源於西班牙語，是由西班牙語「Vaquero」直譯而來。最早的牛仔是居住在美洲的歐洲人後裔。那些登陸到美國東海岸的英國和法國殖民者不熟悉西班牙人的畜牧方式，一開始只會採用圈養的方式養殖畜牧。當圍欄裡的草被牛吃完後，牛群就被趕到一個新草原繼續放養。這樣的牧牛人在英語稱為「Driver」。而西班牙人不像其他殖民地的殖民者一樣因躲避政治、宗教迫害而來，他們是貴族、冒險家，西班牙人嚴謹、聰明，並富於野心、愛冒險、喜歡表現自己……因此，他們把「I Can」的精髓融入到「America Can」中。西班牙人養牛的方式是真正的放牧，把牛放到沒有邊際的草原中，牛仔們就騎馬隨牛群馳騁。這些西班牙人的精神代表了傳統的牛仔精神。

一八四六年，美國與墨西哥開戰，美國人打敗了墨西哥人，建立了新墨西哥州。但非常諷刺的是，新墨西哥州的牛仔文化卻徹底地征服了美國。沒有任何區域能像新墨西哥州那樣對美國牛仔文化的發展產生如此重要和深遠的影響。

事實上，牛仔們並不像電影中那樣帶有強烈的英雄主義色彩。當時的牛仔就是騎在馬背上的農場工人，負責看管乳牛。他們在戶外的時間一天長達十二至十四個小時，工作量繁重又危險，報酬也很低。一八六五至一八九五年是牛仔的熱門時代，新的肉類保鮮方法出現，造成市場對牛肉的需求急速增長，同時鐵路延伸到大多數村落，使得牧場經營業在美國西南部非常興盛。而牛仔們就在戶外放養牛群，然後把他們運到最近的鐵路上。

然而就是這些處在社會最底層、充滿著美國開拓精神的西部牛仔們，最終形成和完善著自己的牛仔文化，並身體力行地把牛仔文化發揚光大。

他們通常穿著的「制服」，也就是牛仔褲，與牛仔們身上蘊涵的獨立、自由、叛逆、粗獷、豪邁之精神相互融合。而牛仔褲後來幾乎完全脫離了一條褲子的原始意義，尤其是藍色牛仔褲，已經成為一個重要的文化符號，持續滲透西方工業革命之後高度發展的「現代」社會中。

中山裝的發明者

據說孫中山先生在廣州任中華民國軍政府大元帥時，感到西裝樣式繁瑣，穿著不便；而中國服裝在實用上亦有缺點，於是授意河內服裝店老闆黃隆生設計一種美觀、簡易而又實用的中國服裝。黃隆生參考了歐洲和日本服裝樣式，並結合當時南洋華僑中流行的「企領」文裝上衣和學生裝，設計了一種服裝，這就是中山裝。中山裝由於得到孫中山的提倡，也由於它的簡便、實用，自辛亥革命起便和西服一起開始流行。一九一二年民國政府發布新規定，將中山裝定為禮服，修改中山裝造型，並賦於了新的含義，而正式的中山裝有一些造型特徵，為立翻領，對襟，前襟五粒扣，四個貼袋，袖口三粒扣；後片不破縫。而這些形制其實是有講究的。

根據《易經》周代禮儀等內容寓以意義，其一，前身四個口袋表示國之四維（禮、義、廉、恥）；其二，門禁五粒紐扣區別於西方的三權分立的五權分立（行政、立法、司法、考試、監察）；其三，袖口三粒紐扣表示三民主義（民族、民權、民生）；其四，後背不破縫，表示國家和平統一之大義。

中山裝的色彩豐富，除常見的藍色、灰色外，還有駝色、黑色、白色、灰綠色、米黃色等。中山裝的優點很多，主要是造型均衡對稱，外形美觀大方，穿著高雅穩重，活動方便，行動自如，既可保暖也可作禮服，甚至是作便服也可以。其缺點是領口緊、卡脖子等。中山裝素以其特有的沉著老練、穩健大方的風格吸引了廣大的中老年人和海外華人的青睞，尤其是知識分子，仍然視中山裝為自己的日常服裝。

梳子的由來

關於梳子的發明，有兩種說法。一種說法認為梳子是炎帝身邊的一個人發明的，這個人名叫赫廉。史書記載，赫胥氏造梳，以木為之，二十四齒，取疏通之意。

赫廉是巧手匠人，曾找來獸骨，模仿人的手指，做了一把五指梳，獻給炎帝。炎帝拿五指梳在頭上一試，頭髮不僅被整理得十分柔順，頭皮觸感還很舒服，令炎帝驚喜不已，命令赫廉進一步改造，推廣民間。

可是戰爭爆發，北方的部落首領軒轅向炎帝大舉進攻，經過最後的激戰，人民全部被俘虜。赫廉也在其中，並淪為奴隸，但他不失創造之心，夜深人靜時，赫廉還在琢磨手中的梳子。可惜的是，這事被監工發現，上報黃帝，說他私造「怪物」圖謀不軌，黃帝下令將赫廉押入死牢。值得慶幸的是，看守者也是一名匠人，很同情赫廉。於是匠者提議，不妨做一把梳子贈送給黃帝的元妃，也許有救。

在看守者的幫助下，赫廉苦心製作，連夜趕製了一把黃楊木梳。天一亮，看守者冒著生命危險，將這把赫廉做的梳子送給元妃，並小心翼翼地說明梳子的用途。元妃欣然而試，順勢挽了一個髮髻，歡天喜地地來見黃帝。黃帝非常驚訝自己的妻子竟如此美麗，立刻對赫廉的梳子讚歎不絕，並當即下令釋放赫廉，並重賞他，可惜已經太遲了，等看守者回去時，赫廉已經被斬首。

這一天是農曆的二月十八日，軒轅黃帝為挽回自己的過失，追封赫廉為梳子的始祖。並且命令其看守者承傳梳子手藝，推廣民間，而使梳子傳世至今。

另一種說法認為梳子是黃帝的第二位妻子方雷氏發明的。方雷氏是一個熱愛精心打扮的女人。她發現黃帝宮城的婦女經常蓬頭垢面，就教她們用手指把頭上的亂髮一一梳順。到重大節日，她會把這些女子叫來，親自為她們整理頭髮。有一年，河床上匯集了一條水量湍急的洪水，撈回了十幾條體積龐大的魚，方雷氏把帶魚放在石板上，在下面用柴火燒，不一會兒就熟了。人們吃完後，魚刺吐了一地。方雷氏隨手撿起一根並折了一節，覺得非常美觀，並把帶魚刺的梳子梳理自己的頭髮。一時之間凌亂的頭髮竟被梳得整整齊齊。方雷氏高興極了；第二天就把這些魚刺折斷成短節，贈給身邊所有的女子，並教她們如何使用。但因女子們皆不熟悉此物品的用法，加上魚刺過於尖銳，一不注意便會刺傷頭皮，以至於最後並沒有多少人理會這項發明。此事雖然失敗了，但方雷氏並沒有放棄魚刺製成的梳子所帶給她的啟發。那要用什麼東西才能代替魚刺呢？方雷氏苦苦思索著。有一天，她遇見黃帝手下專做木工的工匠，就把魚刺製成的梳子拿出來，要求依照魚刺的位置再做一把木質的梳子。工匠看了看這把梳子，告訴方雷氏可以試試。

回去後，工匠與幾名同行商量，最後終於用竹子成功做成了一把梳子。黃帝知道後，非常高興，組織人手大量生產，把梳子的意念及製作推廣開去。也就是這樣，產生了最原始的梳子雛形。

世界上最早的鏡子

最早的鏡子是西元前六七三年的「王后的腰帶鏡子」，這表明那時女子就已經會攜帶化妝用的鏡子。最早的鏡子用陶土模具製作（後來用失蠟鑄造法），用鑿子和砂紙打磨平，再用錫、汞、硫酸鋁和鹿角灰的混合物精細地拋光。

上古的鏡，就是大盆的意思，它的名字叫監。《說文》中說：「監可取水於明月，因見其可以照行，故用以為鏡。」在三代之初，監都是用瓦製成的，所以古代的監字是沒有金字旁的。到商代初年的時候，開始鑄造銅鑒，後來鑒字也有了金字偏旁。商周時期，雖然有銅鑒，但是瓦鑒依然通行。到秦朝時期，才開始鑄造銅鏡，因為鏡優於鑒的方面很多，所以到秦以後，便不再用水作鑒了。

秦漢以後，鏡的使用更加廣泛，鏡的製作也更加精良。它的質料包括金、銀、銅、鐵等，以銅最為多，也有鍍金銀的、背面包金銀的、鑲嵌金銀絲的。隋唐以來，還有帶柄的、四方的，各種花紋應有盡有。直到明代末期，開始出現以玻璃為鏡子的。清代乾隆以後，玻璃才開始興盛於民間。直至民國初年，少數邊遠地區還有以銅為鏡子的。

斑馬線的由來

斑馬線，學名為人行橫道線。斑馬線源於古羅馬時代的跳石。

早在古羅馬時代，義大利龐貝市的一些街道上，人、馬、車交互行動，交通經常堵塞，事故也經常發生。為了解決這個問題，人們把人行道加高，使人與馬、車分離。後來，又在接近馬路口的地方砌起一塊塊突出路面的石頭，叫做跳石，作為指示人們可以通過的標誌。行人可以踩著跳石穿過馬路；而跳石剛好在馬車的兩個輪子中間，馬車可以安全通過。後來，許多城市都使用這種方法。

十九世紀末期，隨著汽車的發明，城市內更是車水馬龍，汽車的速度及其危險性都超過了馬車；加上人們在街道上隨意橫穿，阻礙了交通，跳石已無法避免交通事故的發生。一九五〇年初期，英國人在街道上設計出了一種橫格狀的人行橫道線，規定行人走過街道時，只能走人行道。這就是第一條斑馬線的由來。自此倫敦街頭出現了一道道醒目的橫線，這些橫線像斑馬身上的白斑紋，因此人們稱它為斑馬線。人們駕駛汽車看到這條白線時，會自動減速緩行或停下，讓行人安全通過。

斑馬線從它出現到現在，對指示車輛、行人在街道上有秩序的行進和停止、減少交通事故和保護人身安全產生了很大的作用。

腦補知識

立體斑馬線

二〇〇八年十二月十日，中國浙江省交警部門在市區道路上推出了立體感的彩色斑馬線。藍白黃三色相間彩條，使平面的斑馬線呈現出明顯的立體感，給來往的駕駛一個強烈的視覺刺激作用，增強了對車輛行人的交通警示性。

紅綠燈的發明者

在現代，安裝在各個道口上的紅綠燈已經成為疏導交通車輛最常見和最有效的工具。而這一技術在十九世紀就已出現了。

十九世紀初，在英國中部的約克城，紅、綠裝分別代表不同身分的女性。而其中，著紅裝的女人表示已婚，而著綠裝的女人則是未婚。當時英國倫敦議會大廈前經常發生馬車撞人的事故，於是受到紅綠裝啟發。一八六八年十二月十日，英國機械師德．哈特設計製造了第一個信號燈。這個燈的燈柱高七公尺，身上掛著一盞紅、綠兩色的提燈。在燈的腳下，一名手持長杆的員警牽動皮帶轉換提燈的顏色，紅色表示「停止」，綠色表示「注意」。後來在信號燈的中心裝上煤氣燈罩，其面前有兩塊紅、綠玻璃交替遮擋。然而不幸的是，一八六九年一月二日，面世二十三天的煤氣燈突然爆炸，使一位正在值勤的員警斷送了性命。從此，城市的交通信號燈被取消了。

直到一九一四年，在美國的克里夫蘭市才率先恢復了紅綠燈。不過，這時已是「電氣信號燈」了。爾後又在紐約和芝加哥等城市，相繼重新出現了交通信號燈。

第一盞名副其實的三色燈於一九一四年誕生在美國。這種紅綠燈由紅綠黃三色圓形的投光器組成，安裝在紐約市第五大道的一座高塔上。紅燈亮表示「停止」，綠燈亮表示「通行」。

一九一八年，又出現了可控制的紅綠燈和紅外線紅綠燈。可控制的紅綠燈，一種是把壓力探測器安在地下，車輛一接近紅燈便轉為綠燈；另一種是用擴音器來啟動紅綠燈，駕駛遇紅燈時按一下喇叭，能使紅燈變為綠燈。紅外線紅綠燈則是當行人踏上對壓力敏感的路面時，它就能察覺到有人要過馬路。紅外光束能把信號燈的紅燈延長一段時間，延緩汽車放行，以免發生交通事故。

黃色信號燈的發明者是中國的胡汝鼎，他懷著「科學救國」的抱負到美國深造，在大發明家愛迪生的美國通用電器公司任職員。一天，他站在繁華的十字路口等待綠燈信號，當他看到綠燈而正要過去時，一輛轉彎的汽車呼地一聲擦身而過，嚇了他一身冷汗。回到宿舍，他反覆琢磨，終於想到在紅、綠燈中間再加上一個黃色信號燈，提醒人們注意危險。他的建議立即得到肯定，於是紅、黃、綠三色信號燈即一個完整的指揮信號家族就遍及全世界陸、海、空交通領域了。

信號燈的出現，使交通得以有效管制，對於疏導交通流量、提高道路通行能力、減少交通事故有明顯效果。一九六八年，聯合國《道路交通和道路標誌信號協定》對各種信號燈的含義作了規定：綠燈是通行信號，面對綠燈的車輛可以直行，左轉彎和右轉彎，除非另一種標誌禁止某一種轉向，左右轉彎車輛都必須讓合法地正在路口內行駛的車輛和過人行橫道的行人優先通行；紅燈是禁行信號，面對紅燈的車輛必須在交叉路口的停車線後停車；黃燈是警告信號，面對黃燈的車輛不能越過停車線，但車輛已十分接近停車線而不能安全停車時可以進入交叉路口。此後，這一規定在全世界開始通用。

腦補知識

為什麼交通信號燈要用紅黃綠三種顏色

世界上第一個由紅黃綠等號誌燈組成的交通信號燈，於一八六八年出現在英國倫敦。經過改進才出現了由紅黃綠組成的三色信號燈，並一直沿用至今。紅黃綠三種顏色，是根據光學原理而選用。紅色光的波長很長，穿透空氣的能力強，同時比其他信號更容易引人注意，所以作為禁止通行的信號；黃色光的波長較長，穿透空氣的能力較強，所以作為警告的信號；採用綠色作為通告信號，是因為紅色和綠色的區別最大，易於分辨，其顯示距離也較遠。

五線譜的發明者

五線譜是目前世界上通用的記譜法，是在五根等距離的平行橫線上標以不同時值的音符及其他記號來記載音樂的一種方法。五線譜的每根線以及線與線之間的空間，自下而上分別稱為第一線、第二線、第三線、第四線、第五線和第一間、第二間、第三間、第四間。線和間如果不夠使用，可在五線譜上方或下方增加線和間。

加線及加間之間，各分別稱為上加第一線、上加第一間，下加第一線、下加第一間等，各代表一個音級。

五線譜是義大利音樂理論家圭多發明的。西元九世紀，出現了一種以「點」、「鉤」、「劃」來表示音的趨向和高低的記譜法，這種符號叫「紐姆記譜法」。紐姆記譜法最早出現於歐洲天主教堂內，以橫線為標準，用符號表示音的高低，但不顯示音值長短。先是記在一條線上，表示f音，根據符號落線上的上下就有了一個大概的音高標準。後來又加了一條c線。

到了十一世紀，圭多把線加到四根，音域為八度左右，規定音高為d、f、a、c，並將f線畫成紅色，c線畫成黃色（後成為五線譜中高音及低音譜號的起源），使音高記譜更準確。而在之後，由於重唱、演奏的需求又出現了六線、七線譜，甚至十一線譜。

十三世紀，有人使用第五根線，成為五線譜的前身。十六世紀，歐洲各國又用加線的辦法統一了五線譜，改變了橫線太多所引起的複雜局面，過高或過低的音用加線來表示，使音高的記載更完備。

以後又出現了適應不同音域、不同用途的高音、中音、低音譜表和記錄多種樂器曲譜的大譜表、總譜表等，也都是建立在五線譜之上的。為了紀念五線譜的發明與誕生，人們把圭多稱為「五線譜之父」。

與其它記譜法相比，五線譜具備著難以替代的優點：它的音高形象感強，容易區分高低音；和聲立體感強，能同時記錄諸多聲部及和弦；可記錄音調複雜、聲部繁多的大型音樂作品；旋律線條清晰，記譜科學適用……為此，五線譜已成為當今世界各國通用的、流行最廣的記譜法，為音樂事業的繁榮與發展產生越來越重要的作用。

風箏早期的用途

放風箏不僅豐富了人們的文化娛樂生活，同時也是一項鍛煉身體、增強體力的活動。但是，風箏在誕生之初並不是用來娛樂的。

在歷史上，風箏曾經有過多種用途，最初的功能據說是用於軍事，用於三角測量信號、天空風向測查和通訊的手段。如春秋時期魯班「製木鳶以窺宋城」。

除了用作軍事上做偵察工具外，風箏還被用於測距、越險、載人等。據史書記載，西元前一九〇年，楚漢相爭，漢代的韓信攻打未央宮，利用風箏測量未央宮下面的地道的距離。而垓下之戰，項羽的軍隊被劉邦的軍隊圍困，韓信派人用牛皮作風箏，上敷竹笛，迎風作向（一說張良用風箏繫人吹簫）漢軍配合笛聲，唱起楚歌，渙散楚軍士氣，這就是「四面楚歌」的故事。

南北朝時，風箏曾被作為通訊求救的工具。據南史卷八十《侯景傳》中所述，在梁武帝蕭衍大清三年時，侯景作亂，叛軍將武帝圍困於梁都建鄴（即今南京），內外斷絕，有人獻計製作紙鳶，把皇帝詔令繫在其中。當時太子簡文在太極殿外，乘西北風施放向外求援，不幸被叛軍發覺射落，不久都城即遭攻陷，梁朝也從此滅亡。

到了唐代，被用於軍事的風箏逐漸轉化為用於娛樂，並於宮廷中放風箏。不過，它的軍事用途尚在。比如明代以風箏載炸藥，依「風箏碰」的原理引爆風箏上的導火線，以達到殺傷敵人之目的。

鞭炮的由來

無論是過年過節，還是結婚嫁娶、進學升遷，乃至大廈落成、商店開張等等，只要是喜慶的事，人們都習慣放鞭炮來慶祝。

這個習俗在中國已有兩千多年的歷史了。《荊楚歲時記》曾經有這樣的記載：「正月初一，雞叫頭一遍時，大家就紛紛起床，在自家院子裡放爆竹，來逐退瘟神惡鬼。當時沒有火藥，沒有紙張，人們便用火燒竹子，使之爆裂發聲，以驅逐瘟神。」這雖然是迷信，但卻反映了古代勞動人民渴求安泰的美好願望。

到了唐朝，鞭炮又被人們稱為「爆竿」，將一支長度較長的竹竿逐節燃燒，連續發出爆破之聲。南昌詩人來鵠的《早春》詩句：「新曆才將半紙開，小亭猶聚爆竿灰」寫的就是當時春節燃燒竹竿的情景。

後來，煉丹家經過不斷的化學試驗，發現硝石、硫磺和木炭合在一起能引起燃燒和爆炸，於是發明了火藥。有人將火藥裝在竹筒裡燃放，聲音更大，使得火燒竹子這一古老習俗發生了根本變化。北宋時，民間已經出現了用紙捲裹著火藥的燃放物，還有單響和雙響的區別，改名「爆仗」，後又改為「鞭炮」。

第四章　文化藝術

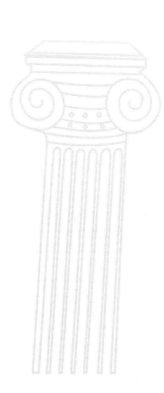

中國最早的詩人

屈原是中國最偉大的愛國主義詩人之一，也是中國已知最早的著名詩人、思想家和偉大的政治家。

屈原（西元前三四〇至前二七八年），姓屈，名平，字原；又自名正則，字靈均。漢族，戰國時期楚國丹陽人，今湖北宜昌市秭歸縣人，楚武王熊通之子屈瑕的後代。主張聯齊抗秦，提倡「美政」。

屈原一生經歷了楚威王、楚懷王、頃襄王三個時期，而屈原主要活動於楚懷王時期。這個時期正是中國即將實現大統一的前夕，「橫則秦帝，縱則楚王」。屈原因出身貴族，又明於治亂，嫻於辭令，早年深受楚懷王的寵信，位為左徒、三閭大夫。屈原為實現楚國的統一大業，對內積極輔佐懷王變法圖強，對外堅決主張聯齊抗秦，使楚國一度出現國富兵強、威震諸侯的局面。但是，由於在內政外交上與楚國的貴族發生了矛盾，屈原開始遭上官大夫等人嫉妒，後來又遭人誣陷，而楚懷王也因聽信讒言，漸漸疏遠屈原。

楚懷王十五年（西元前三〇四年），張儀由秦至楚，以重金收買靳尚、子蘭、鄭袖等人充當內奸，同時以「獻商於之地六百里」誘騙楚懷王，致使齊楚斷交。楚懷王受騙後惱羞成怒，兩度向秦出兵，均遭慘敗。於是，屈原奉命出使齊國，將齊楚重修舊好。在這期間，張儀又一次由秦至楚，進行瓦解齊楚聯盟的活動，使齊楚聯盟未能成功。楚懷王二十四年，秦楚簽訂黃棘之盟，楚國徹底投入了秦的懷抱。屈原也被逐出郢都，流放到了漢北。

楚懷王三十年，屈原回到郢都。同年，秦國相約楚懷王武關會盟，楚懷王遂被秦國扣留，最終客死秦國。楚頃襄王即位後，繼續實施投降政策，屈原再次被逐出郢都，流放江南，輾轉流離於沅、湘二水之間。流放期間，屈原感到心中鬱悶，開始文學創作，在作品中洋溢著對楚國當地的眷戀，和為民報國的熱情。其作品文字華麗，想像奇特，比喻新奇，內涵深刻，成為中國文學的起源之一。

西元前二七八年，秦國大將白起揮兵南下，攻破了郢都，屈原最終在絕望和悲憤之下，懷抱著大石頭投身汨羅江而死。

一九五三年，屈原逝世的兩千兩百三十週年，世界和平理事會通過決議，確定屈原為當年紀念的世界四位文化名人之一。

腦補知識

屈原流傳下來的作品

屈原是個詩人，從他開始，中國才有了以文學著名於世的作家。屈原創立了「楚辭」這種文體（也就是創立了「詞賦」這一文體），被譽為「衣被詞人，非一代也」。

屈原的作品，根據劉向、劉歆父子的校定，和王逸的注本有二十五篇，即《離騷》一篇，《天問》一篇，《九歌》十一篇，《九章》九篇，《遠遊》、《卜居》、《漁父》各一篇。據《史記·屈原列傳》司馬遷表示，還有《招魂》一篇。而有些學者認為，《大招》也是屈原作品；但也有人懷疑《遠遊》以下諸篇及《九章》中若干篇章非出自屈原手筆。據郭沫若先生考證，屈原作品共流傳下來二十三篇，其中《九歌》十一篇，《九章》九篇，《離騷》、《天問》、《招魂》各一篇。

科舉的考試制度

科舉是中國古代讀書人所參加的人才選拔考試，是歷代封建王朝選拔官吏的一種考試制度。由於採用分科取士的辦法，所以叫做科舉。科舉制從隋代開始實行，到清光緒二十七年最後一科進士考試為止，總共經歷了一千三百多年。

中國古代科舉制度最早起源於隋朝。隋朝統一全國後，為了適應封建經濟和政治關係的發展變化，也為了滿足擴大封建統治階級參與政權的要求、加強中央集權，把選拔官吏的權力收歸中央，用科舉制代替九品中正制。隋煬帝大業三年開設進士科，用考試辦法來選取進士。這種分科取士，以試策取士的辦法，在當時雖是草創時期，並未形成制度，但把讀書、應考和作官三者緊密結合起來，揭開中國選舉史上新的一頁。

唐朝承襲了隋朝傳下來的人才選拔制度，並做了進一步的完善。由此，科舉制度逐漸完備起來。在唐代，考試的科目分常科和制科兩類，每年分期舉行的稱常科，皇帝下詔臨時舉行的考試稱制科。

常科的科目有秀才、明經、進士、俊士、明法、明字、明算等五十多種。其中明法、明算、明字等科不為人重視；俊士等科不經常舉行；秀才一科在初唐要求很高，後來漸漸沒落。所以，明經、進士兩科便成為唐代常舉辦的主要科目。明經、進士兩科最初都只是試策，考試的內容為經義或時務。後來兩種考試的科目雖有變化，但基本精神上是進士重詩賦，明經重帖經、墨義。所謂帖經，就是將經書任揭一頁，將左右兩邊遮蓋，中間只留一行，再用紙帖蓋住三字，令試者填充。墨義是對經文的字句作簡單的筆試。帖經與墨義，只要熟讀經傳和注釋，就可中試，詩賦則需要具有文學才能。

武則天載初元年二月，女皇親自「策問貢人於洛成殿」，這是中國科舉制度中殿試的開始，但在唐朝並沒有形成制度。唐朝還產生了武舉，武舉開始於武則天長安二年，西元七〇二年。應武舉的考生皆是鄉貢，由兵部主考。考試科目有馬射、步射、平射、馬槍、負重等，「高第者授以官，其次以類升」。

宋代的科舉，大體同唐代一樣，有常科、制科和武舉。相比之下，宋代常科的科目比唐代大為減少，其中進士科仍然最受重視，進士一等多數可官至宰相，所以宋人以進士科為宰相科。宋代的科舉放寬了錄取和作用的範圍，進士分三等：一等稱進士及等；二等稱進士出身；三等賜同進士出身。由於擴大了錄取範圍，名額也逐步增加。宋初科舉僅有兩級考試制度，一級是由各州舉行的取解試，一級是禮部舉行的省試。宋太祖為了選拔真正踏實於封建統治而又有才能的人擔任官職為之服務，於開寶六年實行殿試。自此以後，殿試成為科舉制度的最高一級的考試，並正式確立了州試、省試和殿試的三級科舉考試制度。殿試以後，不須再經吏部考試，直接授官。宋太祖還下令，考試及第後，不准對考官稱師門，或自稱門生。這樣，所有及第的人都成了天子門生。從宋代開始，科舉開始實行糊名考校法和譽錄，並建立防止徇私的新制度。宋代科舉在考試內容上也作了較大的改革。宋代科舉基本上沿襲唐制，進士科考帖經、墨義和詩賦，弊病很大。進士以聲韻為務，多昧古今；明經只強記博誦，而其義理學而無用。王安石任參知政事後，對科舉考試的內容著手進行改革，取消詩賦、帖經、墨義，專以經義、論、策取士。所謂經義，與論相似，是篇短文，只限於用經書中的語句作題目，並用經書中的意思去發揮。

元代開始，蒙古人統治中原，科舉考試進入中落時期，但以四書試士卻是元代所開的先例。明朝的科舉在宋代的基礎上繼續改良發展，制度已非常完善，規模也更大，參加科舉的人數大增，考核的內容卻開始僵化。

清朝科舉基本承襲明制。清開國初時曾在順治年間兩次分滿漢兩榜取士；之後改為只有一榜，但不鼓勵滿人、蒙古人參加，把科舉入士之途留給漢人，即所謂「旗人不占鼎甲」。

明清科舉考試分三級進行，包括鄉試、會試和殿試。正式科舉考試前還要進行童生試，也叫「童試」。應試者不分年齡大小都稱童生，合格後取得生員資格，這樣才能參加科舉考試。鄉試是明清兩代每三年在各省省城舉行的一次考試，由秀才參加，合格者便是舉人，取得參加中央一級的會試的資格，第一名叫解元。會試是明清兩代每三年在京城舉行的一次考試，各省的舉人及國子監監生皆可應考，錄取三百名為貢士，第一名叫會元。殿試是科舉制度最高級別的考試，皇帝在殿廷上，對會試錄取的貢士親自策問，以定甲第。錄取分三甲，最後賜「進士及第」的稱號，第一名稱狀元，第二名稱榜眼，第三名稱探花，合稱「三甲鼎」；二甲若干名，賜「進士出身」的稱號；三甲若干名，賜「同進士出身」。

古代的「大夫」

大夫原是古代的官名。先秦諸侯國，在國君之下有卿、大夫、士三級，後世遂以大夫為一般任官職之稱。秦漢以後，中央要職有御史大夫，備顧問者有諫大夫、中大夫、光祿大夫等。在秦代，凡文散階二十九，從一品曰開府儀同三司，正二品曰特進，從二品曰光祿大夫，正三品曰金紫光祿大夫，從三品曰銀青光祿大夫，正四品上曰正議大夫，正四品下曰通議大夫，從四品上曰太中大夫，從四品下曰中大夫，正五品上曰中散大夫，正五品下曰朝議大夫，從五品上曰朝請大夫，從五品下曰朝散大夫。

至唐宋尚有御史大夫及諫議大夫之官，至明清廢。隋唐以後，以大夫為高級官階之稱號。清朝高級文職官階稱大夫，武職則稱將軍。文官大夫為五品以上官員，一品為光祿大夫、榮祿大夫，二品為資政大夫、通奉大夫，三品為通議大夫、中議大夫，四品為中憲大夫、朝議大夫，五品為奉正大夫、奉直大夫。

宋徽宗政和年間重訂官階時，在醫官中別置「大夫」以下官階，故今仍沿稱醫生為大夫。明、清職事官不用大夫作官名。

孟子被稱為「亞聖」的原因

孟子是儒家最主要的代表人物之一，戰國時期魯國人，漢族。名軻，字子輿，又字子車、子居、子展。是中國古代偉大的思想家兼教育家，戰國時期儒家代表人物之一。著有《孟子》一書，屬語錄體散文集。孟子師承孔伋（孔子之孫，一般來說是師承自孔伋的學生），繼承並發揚了孔子的思想，成為僅次於孔子的一代儒家宗師。孟子曾仿效孔子，帶領門徒遊說各國。但不被當時各國所接受，後退隱與弟子一起著書。孟子在人性問題上也曾提出性善論。

孟子的地位在宋代以前並不是很高。自中唐的韓愈著《原道》，把孟子列為先秦儒家中唯一繼承孔子「道統」的人物，出現了孟子的「升格運動」，接著孟子的地位便逐漸上升。宋神宗熙寧四年（一〇七一年），《孟子》一書首次被列入科舉考試科目之中。元豐六年（一〇八三年），孟子首次被官方追封為「鄒國公」，翌年被批准配享孔廟。從此《孟子》一書升格為儒家經典，南宋朱熹又把《孟子》與《論語》、《大學》、《中庸》合為「四書」，其實際地位更在「五經」之上。元朝至順元年（一三三〇年），孟子被加封為「亞聖公」，之後人們就稱孟子為「亞聖」，地位僅次於孔子。

何謂「八股文」

八股文，也稱「時文」、「時藝」、「制藝」、「制義」、「八比文」、「四書文」，是明朝考試制度所規定的一種特殊文體。八股文由破題、承題、起講、入手、起股、中股、後股、束股八個部分所組成。破題是用兩句話將題目的意義破開，承題是承接破題的意義而說明之，起講為議論的開始，首二字用「意謂」、「若曰」、「以為」、「且夫」、「嘗思」等開端；「入手」為起講後入手之處，起股、中股、後股、束股才是正式議論，以中股為全篇重心。在這四股中，每股又都有兩股排比對偶的文字，合共八股，故名八股文。

八股文專講形式，沒有內容，文章的每個段落皆在固定的格式裡面，連字數都有一定的限制，人們只能按照題目的字義撰寫成文。題目主要摘自四書、五經，所論內容主要據宋朱熹《四書章句集注》，不得自由發揮。一篇八股文的字數，清順治時定為五百五十字，康熙時增為六百五十字，後又改為七百字。八股文須注意文章組織的結構規定與格調，本來是說理的古體散文，而能與駢體辭賦合流，構成一種新的文體，在文學史上自有其地位。但從教育的角度而言，作為考試的文體，八股文從內容到形式都很死板，無自由發揮的餘地。不僅使士人的思想受到極大的束縛，而且敗壞學風。

八股文濫觴於北宋。王安石變法，就認為唐代以詩賦取士，浮華不切實用，於是並多科為進士一科，一律改試經義，文體並無規格。元代科舉考試，基本沿襲宋代。到了明代洪武元年（一三六八年），詔開科舉，對制度、文體都有了明確要求，不過寫法初無定規。成化年間，經王鏊、謝遷、章懋等人提倡，逐漸形成比較嚴格的程序。此後一直沿用下來，由明朝中期而遍布整個清代，直到戊戌變法後，才隨著科舉考試的停止而廢除。

何謂四書五經

四書五經是《四書》和《五經》的合稱，是中國儒家經典的書籍。《四書》指的是《論語》、《孟子》、《大學》和《中庸》，而《五經》指的是《詩經》、《尚書》、《禮記》、《周易》和《春秋》。在之前，還有一本《樂經》，合稱「詩、書、禮、樂、易、春秋」這兩本書也被稱作「六經」，其中的《樂經》不幸失傳，就只剩下了五經。

第四章　文化藝術

四書五經是南宋以後儒學的基本書目，儒生學子的必讀之書。四書中《論語》、《孟子》分別是孔子、孟子及其學生的言論集，《大學》、《中庸》則是《禮記》中的兩篇。首次把它們編在一起的是南宋著名學者朱熹。《大學》是孔子講授「初學入德之門」的重要書籍，經孔子的學生曾參整理成文；《中庸》是「孔門傳授心法」之書，是孔子的孫子孔伋「筆之子書，以授孟子」傳承下來的。這兩部書與《論語》、《孟子》一起表達了儒學的基本思想體系，是研治儒學最重要的文獻。

五經中《易》又稱《周易》，包括經、傳兩部分。經的部分共六十四卦，每卦六爻。卦辭和爻辭共約五千字，可能是西周初年編定的。它不僅對於了解殷周時代的哲學思想、社會生活有極重要的意義，而且保存了一些相當罕見的商周史事材料。《尚書》是中國上古時代王室誥命、誓辭和追述古代史跡的著作彙編。最初只泛稱為《書》，其後分為夏、商、周書，以後才稱為《尚書》，義謂上古之書。而《詩》又稱《詩經》，今存三百零五篇。《詩》不僅有很高的藝術價值，而且是了解先秦社會風貌的珍貴材料。《禮》，漢時指《儀禮》，後世指《禮記》。《儀禮》是春秋戰國時代一部禮儀制度的彙編，分為《小戴禮》和《大戴禮》兩種，戴聖所編四十九篇，並由鄭玄作注《小戴禮》，戴德所編八十五篇稱為《大戴禮》。《春秋》是魯國的編年史，它按年、時、月、日記載史事，以春秋代表四時，故名《春秋》。

何謂「六藝」

「六藝」有兩種說法，一種是周代所說，指古人所要學習的六種技能，即禮、樂、射、禦、書、數。《周禮·保氏》中稱：「養國子以道，乃教之六藝：一曰五禮，二曰六樂，三曰五射，四曰五馭，五曰六書，六曰九數。」因此，六藝也指周代教育貴族子弟的六種科目。

「藝」為「藝能」之意，即禮、樂、射、禦、書、數。禮包含政治、道德、愛國主義、行為習慣等內容；「樂」包含音樂、舞蹈、詩歌等內容；「射」是射箭技術的訓練；「禦」是駕馭戰車的技術培養；「書」是識字教育；「數」包含數學等自然科學技術及宗教技術的傳授。其萌芽在夏代已見端倪，經商代至周而逐步完善。

「六藝」教育的特點是文武並重、知能兼求，並因年齡的差異及學科的程度，進行因材施教。「六藝」中，禮、樂、射、禦稱為「大藝」，是貴族從政必具備之術，在大學階段要深入學習；書與數稱為「小藝」，是民生日用之所需，在小學階段是必修課。當時，庶民子弟只給予「小藝」的教育，唯有貴族子弟能夠受到「六藝」的完整教育，完成自「小藝」至「大藝」的系統課程。「六藝」雖主要服務於階級需要，但也反映了教育的普遍規律，對後世具有深遠的影響。

另外一種是漢代的說法：漢儒以六經為六藝，即《易》、《書》、《詩》、《禮》、《樂》、《春秋》。漢代以後文獻中所說的六藝多指六經。如劉歆《六藝略》中：「歆於是總群書而奏其《七略》，故有《輯略》，有《六藝略》，有《諸子略》」。章太炎《國故論衡》：「總集者，本括囊別集為書，故不取《六藝》史傳諸子，非曰別集為文，其他非文也。」顯然是指作為經典的六經。

京劇產生的過程

京劇源於徽班進京。徽班，是指演徽調或徽劇的戲班，清代初年在南方深受歡迎。清朝乾隆五十五年（一七九〇年），江南久享盛名的徽班「三慶班」入京為清高宗（乾隆帝）的八旬「萬壽」祝壽。繼此，許多徽班接踵而來，其中最著名的有三慶、四喜、春臺、和春，被稱「四大徽班」。他們在演出上各具特色，三慶擅演整齣大戲，四喜長於昆腔劇碼，春臺多以青少年為主的童伶，和春武戲出眾。

乾隆、嘉慶年間，北京文物薈萃，政治穩定，經濟繁榮，各劇種藝人雲集。北京舞臺昆腔、京腔、秦腔三足鼎立，相互對峙。徽班進京，致力於「合京秦二腔」。當時秦腔、京腔基本上同臺演出，「京秦不分」（《揚州畫舫錄》），徽班發揚其博採眾長的傳統，廣泛吸收秦腔（包括部分京腔）的劇碼和表演方法，同時繼承了眾多的昆腔劇碼（還排演了昆腔大戲《桃花扇》）及其舞臺藝術體制，因而在藝術上得到迅速提高。

一八二八年以後，一批漢戲演員陸續進入北京。漢戲又名楚調，現名漢劇，以西皮、二黃兩種聲腔為主，尤側重西皮，是流行於湖北的地方戲。由於徽、漢兩個劇種在聲腔、表演方面都有不可分割的關係，所以漢戲演員在進京後，大都參加徽班合作演出。徽調多為二黃調、高撥子、吹腔、四平調等，間或亦有西皮調、昆腔和弋腔；而漢調演員演的則是西皮調和二黃調。徽、漢兩班合作，兩調合流，經過一個時期的互相融會吸收，再加上京音化，又從昆曲、弋腔、秦腔不斷汲取營養，於是，一種以徽調「二簧」和漢調「西皮」為主、兼收昆曲、秦腔、梆子等一種全新劇種誕生了，這就是京劇。第一代京劇演員的成熟並得到認可，大約是在一八四〇年左右。

腦補知識

《同光名伶十三絕》

《同光名伶十三絕》是京劇史上的一幅名伶彩色劇裝寫真畫，由晚清民間畫師沈蓉圃繪製。他參照了清代中葉畫師賀世魁所繪《京腔十三絕》戲曲人物畫的形式，挑選了清同治、光緒年間（西元一八六〇至一八九〇年）京劇舞臺上享有盛名的十三位演員（程長庚、盧勝奎、張勝奎、楊月樓、譚鑫培、徐小香、梅巧玲、時小福、餘紫雲、朱蓮芬、郝蘭田、劉趕三、楊鳴玉），用工筆重彩的手法把他們扮演的劇中人物描繪出來，顯示了作者的深厚功力。

此畫於民國三十二年（一九四三年）由進化社朱複昌在書店收購，經縮小影印問世，並附編《同光名伶十三絕傳》一冊。

詞牌的由來

詞牌，就是詞的格式名稱。它規定了詞的韻律、曲調、長短句，任何人都可按照詞的詞牌去填詞。詞的格式和律詩的格式不同。律詩只有四種格式，而詞則總共有一千多個格式，這些格式稱為詞譜。人們很難將它們稱為第一式、第二式等等，所以給它們取了一些名字。這些名字就是詞牌。

有時候，幾個格式合用一個詞牌，因為它們是同一個格式的數個變化形體；有時候，同一個格式而有幾個名稱，因為各家叫名不同罷了。

關於詞牌的來歷，主要有下面六種情況：

來自樂曲名稱：如〈菩薩蠻〉、〈西江月〉、〈風入松〉、〈蝶戀花〉等。這些有的來自民間，有的來自宮廷。詞剛興起時，曲調大多來自民間。到了唐、宋兩代，民間譜製的相當多，有些曲調為文人所愛好，而據以填製新詞，後來就得到了廣泛流傳。例如唐代的〈竹枝〉和〈楊柳枝〉，原來就是長江中上游一帶的民間歌曲，後來白居易、劉禹錫等詩人從中汲取了靈感，依據此詞譜寫了不少的新詞。

摘取詞中幾個字作為詞牌：例如〈憶秦娥〉，依照這個格式寫出最早一首詞的開頭兩句是「簫聲咽，秦娥夢斷秦樓月」，所以詞牌叫〈憶秦娥〉，又叫〈秦樓月〉。〈憶江南〉本名〈望江南〉，因為白居易一首詠「江南好」的詞，最後一句是「能不憶江南」，所以又叫〈憶江南〉。〈念奴嬌〉又叫〈大江東去〉，由於蘇軾的一首〈念奴嬌〉，此詞的第一句是「大江東去」，又叫〈酹江月〉，正因為蘇軾這首詞的最後三個字是「酹江月」。

取自樂府：漢武帝時，曾委派擅長音樂的李延年為「協律都尉」，把製作樂曲規定為樂府的任務之一。此後，唐、宋兩代也都設有類似的音樂機構，專門整理古樂和創制新曲。這些新曲後來有不少都成了詞牌，例如〈並蒂芙蓉〉、〈黃河清〉、〈壽星明〉、〈舜韶新〉等，都是由此而來。

來自外域或邊地：漢唐兩代，西域和邊地的音樂不斷傳入內地，那些地方的某些曲調也隨之到處流行，有的就被採用為詞調。來自外域最著名的如〈菩薩蠻〉，據唐代乃至明代一些文人的考證。儘管說法有所不同，但都肯定這個詞牌來自西域。又如唐代最有名的〈霓裳羽衣曲〉，也是吸收了從西北傳入的印度〈婆羅門〉並經過加工改製而成的。來自邊地的曲調，如〈涼州〉、〈六州歌頭〉、〈八聲甘州〉等。

涼州、甘州都是唐代邊地的州名，這些地區的曲調傳入當地，後來也被採為詞牌的名稱。

詩人自度或自製：唐宋兩代，不少詞人通曉音律樂理，能自己創造詞調。例如宋代詞人柳永、周邦彥、姜夔等人，既是詞人，又是音樂家，他們的詞中就有不少自製新調。詞人自製的詞調（詞牌）叫做「自度曲」或是「自製曲」，在這種情況下，詞人往往會在詞牌下面加上注釋「自度曲」的字樣，或加小序。如姜夔的詞集《白石道人歌曲》卷四中的〈揚州慢〉、〈長亭怨慢〉、〈淡黃柳〉、〈石湖仙〉等十七調，都注釋為「自製曲」，而且都分別注明宮調，旁邊填有「工尺譜」，便是唯一完整的宋代樂譜。

取自原詞的題目：有些詞牌本來就是詞的題目，比如〈浪淘沙〉詠的是大浪淘沙、〈更漏子〉詠的是夜間景況、〈拋球樂〉詠的是拋球、〈踏歌詞〉詠的是舞蹈，這是最普遍的作品意象。凡是詞牌下面注明「本意」的，就是指詞牌同時是詞題，不另有題目。但是，絕大多數的詞都不是用「本意」，因此詞牌之外還有詞題，一般在詞牌下面或後面注明詞題。這種情況下，詞題和詞牌沒有任何聯繫。一首〈浪淘沙〉可以完全不提到浪和沙；一首〈憶江南〉也可以完全不提到江南，這裡的詞牌只不過是詞譜的代號罷了。

華人姓氏的由來

華人在三皇五帝以前（距今約五千年）就有了姓，那時是母系社會，只知有母，不知有父。所以，「姓」就是「女」和「生」組成的，說明最早的姓是跟母親的姓。

夏、商、周的時候，人們有姓也有氏。「姓」是從居住的村落或者所屬的部族名稱而來；「氏」是從君主所封的地、所賜的爵位、所任的官職，或者死後按照功績追加的稱號而來。所以，貴族有姓、有名、也有氏；平民有姓，有名，但沒有氏。同「氏」的男女可以通婚，而同「姓」的男女卻不可以通婚。因為中國人很早就發現這條遺傳規律：近親結婚對後代遺傳等等不利。

在上古三代，姓和氏不是同一件事，氏是從姓的架構衍生出來。而從漢代開始，姓氏合而為一。現代華人的姓，大部分都是從幾千年前代代相傳下來的。考其來歷，華人姓氏的由來大致可分為十二種類別：

以姓為氏：姓作為氏族公社時期氏族部落的標誌符號而產生，其後人有些直接承襲為氏。母權制氏族社會以母親為姓，所以那時許多姓都是女字旁，如姬、姜、姒、姚等。

以國名為氏：如我們所熟悉的春秋戰國時期諸侯國：齊、魯、晉、宋、鄭、吳、越、秦、楚、衛、韓、趙、魏、燕、陳、蔡、曹、胡、許等，皆成為今天常見姓。

以邑名為氏：邑即領地，是帝王及各諸侯國的國君分予同姓或異性卿大夫的封地，其後代或生活在這片領土中的人，部分人便繼之為氏。如周武王時封司寇岔生采邑於蘇（今河北省臨漳縣西），岔生後代便姓蘇。根據統計，以邑為氏的姓氏近兩百個，一些複姓由於漫長的歷史演變，至今已不復存在。

以鄉、亭之名為氏：這類情況不多，今日常見姓有裴、陸、閻、郝、歐陽等。

以居住地為姓：這類姓氏中複姓較多，表示不同環境的居住地點。

以先人的字或名為氏：出自此條的姓氏占多數，根據統計有五六百個，其中複姓近兩百個。如周平王的庶子林開，其後代以林姓傳世；宋戴公之子公子充石，字皇父，其孫以祖父字為氏，漢代時改皇父為皇甫。

以次第為氏：一家一族，按兄弟順序排行取姓，如老大曰伯或孟，老二曰仲，老三曰叔，老四曰季等。後代相沿為氏，表示在宗族中的順序。但也有例外，比如魯莊公之弟莊父排行老二，本為仲氏、仲孫氏，因他有弒君之罪，後代便改姓孟，或姓孟孫。

以官職為氏：如司徒、司馬、司空、司士、司寇等。一些以官職為姓的姓氏，僅從字義上看也可以分辨出來，如籍、諫、庫、倉、軍、廚等。

以技藝為氏：如巫、卜、陶、匠、屠等。

此外，還有古代少數民族融合到漢族中帶來的姓；以謚號為氏；因賜姓、避諱而改姓等等。

中國舊時流行的《百家姓》是北宋（西元九六〇年）時寫的，裡面一共收集了單姓四百零八個，複姓三十個，發展到後來據說還有四千至六千個，但實際上應用的只有一千個左右。

腦補知識

百家姓

「姓氏」在現代漢語中是一個詞，但在秦漢以前，姓和氏有明顯的區別。姓源於母系社會，同一個姓的人表示有同一個母系的血緣關係。中國最早的姓，大都有「女」旁，如姜、姚、姒、媯、嬴等，表示這是一些不同的祖輩傳下的氏族人群。而氏的產生則在姓之後，是按父系來標識血緣關係的結果，這只在父系制度確立時才有可能。

因此，當我們讀到「黃帝軒轅氏，姬姓」以及「炎帝列山氏，姜姓」時，便知道中華民族共同始祖炎黃二帝，原分屬兩個按母系血緣關係組織起來的部落或部落聯盟，一姓姜，一姓姬，而他們又分別擁有表示自己父系制度首領的氏稱：列山、軒轅。姓和氏有嚴格區別又同時使用的的局面表明，母系制度已讓位於父系制度，但母系社會的影響仍然存在，這種影響一直到春秋戰國以後才逐漸消亡。

何謂俗文學

俗文學、民間文學、通俗文學都是英語「popular literature」的譯名。「popular」是個定語，它的意義是「人民的」、「民眾的」，這是「民間文學」的取義。但是，這個字又可引伸為「為多數人喜愛的」、「普遍的」意義，這就是「通俗文學」的取義。而這個字還可以有「廉價的」、「低俗的」的意義，這就是「俗文學」的取義。

在這三個譯名中，「民間文學」意義最為明確，是從原詞進行翻譯。「俗文學」的「俗」字，就有令人感到疑惑的意義，一般人都以為是「雅俗」的「俗」。「俗文學」就意味著鄙俗、粗俗、庸俗的文學，含有知識分子瞧不起民間創作的意味。因此，不少人對這個譯名有意見。俗文學成立的時候，曾正式聲明這個「俗」字是「民俗學」的「俗」。

儘管俗文學是「folk literature」的譯語，沒有雅俗之分的偏見，但是它的內容和民間文學並無不同。研究對象大體包括歌、謠、曲子，以及講史、話本等；還有宋元以來的南北戲曲及地方戲；變文、彈詞、鼓詞、寶卷等講唱文學；民間傳說、趣味笑話、謎語等等雜體作品。

何謂話本小說

話本小說是中國古典小說的一種，流行於宋元時期，又稱宋元話本。當時，隨著商品經濟的繁榮，城市人口的劇增，通俗的民間文學在宋代也得到了空前的發展，話本小說是宋代民間文學的代表。

在宋代城市大眾娛樂場所的「瓦肆」中，有一種以講故事、說笑話為主的活動，即「說話」。話本，就是說話人說話的底本，它主要包括講史和小說兩大類。前者是用淺近的文言文講述歷史上帝王將相的故事；後者是用通行的白話來講述平凡人的故事。宋代的講史話本主要有《五代史平話》、《大宋宣和遺事》、《全相平話五種》等。這些話本以正史為主要依據，但也納入一些傳說、異聞等，同時也不免虛構，以增強吸引力。它們的情節往往較曲折，篇幅較長。而元明清的歷史小說正是由此演變而成的。

魯迅曾經指出，宋元話本的出現「實在是小說史上的一大變遷」。確實，宋代話本小說與長期以文言文為語言的中國古代文學傳統完全不同，它是中國小說史上第一次將白話文作為小說的語言並進行創作，這是一個巨大的進步。在人物塑造上，宋代話本小說以平凡人物為主，不再將非凡人物作為主要的塑造對象，這也是中國小說進一步走向平民化的標誌。

另外，宋代話本小說採取的是透過「說話」的形式展開故事的敘述方式，這樣的敘述模式後來成了白話小說的經典敘述方式。以上幾個方面對於明清小說、白話小說的影響都是非常巨大的。

何謂文曲星

文曲星，是星宿名之一。北斗七星從斗身上端開始到斗柄的末尾，共有七顆星。中國古代把它們分別稱作天樞、天璿、天璣、天權、玉衡、開陽和搖光。文曲星指的就是其中的天權。

文曲星屬癸水，是北斗星，主科甲功名，因此文曲星代表有文藝方面的才能或者愛好文學及藝術。在中國神話傳說中，文曲星是主文運的星宿，文章寫得好而被朝廷錄用為大官的人，就是文曲星下凡。一般民間認為民間出現過的文曲星包括國神比干、范仲淹、包拯、文天祥和許仙的兒子許仕林。

但是，真正的文曲星指的是文昌帝。文昌帝原是晉朝人，姓張名育字亞子，居於四川梓潼縣七曲山。他生性孝順，是一位教育者。東晉甯康二年（三百七十四年）自稱蜀王，起義抗擊前秦苻堅時戰死。唐玄宗入蜀時，途經七曲山，有感於張亞子英烈，遂追封其為左丞相。元仁宗延祐三年（一三一六年）敕封張亞子為「輔元開化文昌司祿宏仁帝君」。於是，梓潼帝君張亞子遂被稱為文昌帝君。

何謂「筆耕」

古代農夫以鋤頭耕種為生，牧民以養殖牛羊為生，讀書人用筆引導人抄寫文字為生，叫「筆耕」，意思是其抄寫工作跟農夫種田一樣辛苦。

「筆耕」一詞出自《後漢書．班超傳》，說的是班超「投筆從戎」的故事。班超年輕時，就有為國立功的抱負。但由於沒有機會，所以未能施展其才華。有一年，哥哥班固被召到洛陽去做校書郎班，班超和母親也一同前往。由於家庭經濟不寬裕，班超常為官府進行抄寫，取得一點報酬，維持家庭生活。日子長了，班超對抄寫的工作感到厭煩和苦悶。有一天，班超突然躍起，把筆摔到地上，大聲疾呼：「大丈夫應當疆場為國立功，哪能志在筆耕呢！」於是投筆從戎，跟隨大將竇固出征，擊敗匈奴，立下功勞。

「筆耕」原是班超的故事，而現在則把作家從事精神財富的創作稱為「筆耕」。

何謂「口述作品」

口述作品即公眾場合即興演講、法庭辯論等。創作過程應當是口述的方式，在預先已有的文字作品基礎上加以口頭表演的作品，如詩歌或散文的朗誦、播音員的播音、相聲或小品演員的演出等，儘管有口述的過程，但其口述並非創作的過程，創作在口述之前都已經完成了，因而不屬於口述作品。

並不是所有的國家都將口述作品作為法律的保護對象，因為司法機關在確認侵權與否時難以取證，也難以確定。因此英美法等國家大多都沒有相關法條來保障口述作品，而臺灣等國家大多都將其列為保護對象。在《伯恩公約》中，一開始時也未將這類作品列入保護範圍，直到一九六七年以後才被列為可保護對象。《伯恩公約》第二條雖然將「講課、演講、講道和其他同類性質的作品」，即口述作品列為保護對象，但又規定各成員國得透過國內立法規定文學藝術作品或其中之一類或數類作品，如果未以某種物質形式固定下來即不受保護。也就是說，該公約對口述作品的規定對其成員國來說是有選擇性的，是否保護由各國自行決定。

所以，即便是口述作品，最好也要有一定的載體記載，例如即性演講或是授課可以錄音或以學生的筆記為載體；而法庭辯論則可以開庭筆錄為載體，這樣在發生糾紛時，便能使著作權得到確認。

小說溯源及其演變

「小說」一詞最早見於《莊子．外物篇》：「飾小說以干縣令，其於大達亦遠矣。」以「小說」與「大達」對舉，是指那些瑣屑的言談、無關政教的小道理。後來，作為一種文學體裁的小說，與《莊子》所說的「小說」含義雖不完全相同，但在古代，小說這種文學體裁始終被視為不登大雅之堂的東西。在這一點上，二者仍然是接近的。

東漢班固據《七略》撰《漢書．藝文志》，把小說家列於「諸子略」十家的最後。

這是小說見於史家著錄的開始。班固稱：「小說家者流，蓋出於稗官。街談巷語，道聽塗說者所造也。」班固明確地指出小說起自民間傳說，這對認識中國小說的起源有重要的意義。

小說起源於民間的「談論故事」，即講故事，而講故事之所以能夠發生，除了作為敘事工具的人類語言的發明為基礎之外，就是人類日益發展的好奇心之需。這兩者永遠是小說發生的源泉和發展的動力。中國古代小說按語體大致分為文言文與白話文兩大類，其最初的源頭和長久不間斷的滋養都是「街談巷語、道聽塗說」的民間講故事活動。後世小說家的成長及其小說的創作，也往往與民間講故事活動有聯繫。

上古民間故事由於多用口頭傳述，缺乏文字記載，很多都已失傳，僅有少量因被「採集」入史書等各體著作，成為其中部分今人以為是「小說成分」的文字。而有幸被以「雅音」單獨紀錄彙編為一書的，包括流傳至今的《搜神記》、《世說新語》等一類文言小說了。

文言文小說雖然發展較早，但卻不是正宗的小說，而是經文人出於各種不同目的「採集」之後，易以「雅音」出之的別體。隨著社會的發展、文化的演進，「街談巷語、道聽塗說」的「講故事」活動在唐代演為「說話」的藝術，至宋代而極盛，產生了各種「說話」的底本，也就是「話本」，「話本」基本上是言文合一的俗語體小說，即白話小說。由此發展出「章回」小說和模擬「話本」而成的，所謂「擬話本」，自此就有了古代文人創作的白話文小說。

腦補知識

小說的要素──人物

小說是以刻劃人物為中心，透過完整的故事情節和具體的環境描寫來反映社會生活的一種文學體裁。

小說有三個要素，即人物、故事情節和環境（自然環境和社會環境）。小說反映社會生活，其主要手段也是塑造人物形象。小說中的人物被稱為典型人物，是作者根據現實生活創作出來的。小說不同於真人真事，而是「各取細節，合成一個」，透過這樣典型的人物形象來反映故事呈現的生活，更集中、更有普遍的代表性。小說主要是透過故事情節來展現人物性格、表現中心。故事來源於生活，但透過整理、提煉和安排，比現實生活中發生的真人真事更集中、更完整、更具有代表性。

唐三彩的由來

唐三彩是一種低溫鉛釉陶，胎體用較為細膩的白色黏土製成，以鉛作為助熔劑，以含銅、鐵、鈷、錳等著色離子的原料作著色劑，經過約八百度的溫度焙燒，形成淺黃、赭黃、淺綠、深綠、天藍、褐紅、茄紫等多種色彩。其顏色亮麗璀璨，鮮豔奪目，釉層透明，呈深淺不同的綠、藍、黃、白等顏色。因常以黃、綠、褐或白、綠、褐或黃、白、藍或黃、白、綠等三種顏色為主要色調，故又稱之為三彩陶。因其興起於唐代且很快發展為唐代陶瓷中的典型品種，也稱唐三彩。

唐三彩大多出土於西安和洛陽的唐墓中。它雖然漂亮精緻，但主要是作為明器，用作陪葬，很少用於日常生活。因為它的材質易脆，防水性能差，實用性遠不如當時已經出現的青瓷和白瓷。而且唐三彩的釉裡面含有鉛，鉛是一種重金屬，長期攝入容易中毒。

唐三彩是唐代陶器中的精華，在初唐、盛唐時達到高峰。安史之亂以後，隨著唐王朝的逐步衰弱，由於瓷器的迅速發展，三彩器製作逐步衰退。後來又產生了「遼三彩」、「金三彩」、但這些器皿在數量、品質以及藝術性方面，都遠不及唐三彩。

唐三彩早在初唐就向國外輸出。唐三彩的色釉有濃淡變化的效果。在色彩的相互輝映中，呈現出富麗堂皇的藝術魅力，所以深受異國人民的喜愛。

黃河名字的由來

據說在很早很早以前，在黃河上游有個黃家莊，一個叫「黃河」的少女被惡霸逼迫而亡。少女的家人聽說她是投河自盡的，便駕船沿河而下，尋找少女的屍體，一路走一路呼喚著她的名字。「黃河」之稱便由此而來。

當然這只是一個民間傳說。事實上，在兩千多年以前，黃河不叫黃河。中國最古老的字書《說文解字》中稱黃河為「河」，最古老的地理書籍《山海經》中稱黃河為「河水」，《水經注》中稱「上河」，《漢書．西域傳》中稱「中國河」，《尚書》中稱「九河」，《史記》中稱「大河」。

古代的黃河河面寬闊、水量充沛、水流清澈。那時，黃河上游及晉陝一帶，森林植被還比較多。在西安有「八水繞京城」一說，可見那時黃土高原上的水土資源豐沛。只是由於近千年來氣候變遷，以及戰爭、大興土木、濫砍森林等等原因，才導致環境惡化，黃土高原泥沙大量流失，注入黃河，才造成黃河今日這般混濁模樣。

黃河之名始見於西漢，西漢時，由於河水中的泥沙含量增多，有人稱其為「濁河」或「黃河」，但未被普遍認可。直到唐宋時期，黃河這一名稱才被廣泛使用。

何謂「海派」、「海派文化」

上海處於東亞大陸海岸線中點，到北美和西歐的距離大致相等，優越的地理位置使之成為各種文化交流的樞紐。一八四三年十一月上海開埠後，由於「華洋共處、五方雜居」，中西文化劇烈碰撞，南北文化頻繁交匯，最終在不同程度上得到了融合。這種融合，即為海派文化產生的基礎。

「海派」一詞始見於晚清時期。當時，大批畫家為謀生或避亂紛紛來到上海，上海一時成為繪畫活動中心。一些有識之士還發起畫會，讓各地畫家共同切磋技藝，相互取長補短；與此同時，西洋畫也開始流行。許多畫家受到新風氣的影響，勇敢地向守舊派和復古派挑戰，在中國畫的傳統基礎上吸納民間繪畫藝術和西洋畫技法，形成了融古今與異國風情為一體的海上畫派，又稱海派，此派對於代表傳統文化正宗的京派而言是一種變異。

海派作為藝術流派濫觴後，很快從中國畫發展，開始接觸戲劇、電影、小說、美術教育等領域，乃至影響到社會風氣、生活方式等等，久而久之便有了海派文化的概念。

海派文化與生俱來有著博採眾長、創意進取的特點，昔日海上畫派的獨樹一幟足可證明。隨著時間的推移，海派又清晰突顯另外兩個特點，靈活與機動性，蘇州、無錫的「小熱昏」、「唱新聞」、「隔壁戲」進入上海，演變成著名滑稽戲即為一例。豐富多彩，在文化藝術和社會生活中都能盡顯魅力。

當然，海派由於受過西方文化的影響，曾附加崇洋意識、市儈心理、奢靡風氣，但這些最終都被摒棄，由藝術流派昇華為一種文化現象、文化風格和文化精神。

由於多種原因，海派文化一度沉寂，甚至被淡忘。改革開放以來，精神文明建設受到高度重視，上海作為近代文明興起較早的大都市，自然會審視其文化底蘊，因而海派文化又逐漸成為熱門話題，海派文學、海派昆劇、海派影視、海派燈謎、海派插花、海派盆景、海派書畫、海派菜肴、海派點心、海派服飾、海派建築等等名稱層出不窮。這既折射出人們期盼上海不斷增添亮點的心態，也表明海派文化被不斷賦予新的涵義。

如何區別民間文學和通俗文學

民間文學與通俗文學的區別有三個方面，一是創作者不同，民間文學是人民大眾的集體創作，通俗文學則是個人的創作；二是創作流傳形式不同，民間文學是口頭創作和流傳的，通俗文學則是書面創作和流傳的；三是內容與思想傾向不同，民間文學是人民大眾的自發性創作，是其思想情趣的自然流露，通俗文學的創作一般是有意識、有目的，反映的內容也良莠不齊，其中既有作家書面創作的通俗作品，也有統治階級蓄意製造的毒品。而二者的共同之處，只是形式上都通俗易懂而已。

當然，這些區別都是相對的，民間文學與通俗文學之間還存在著少量彼此交叉的「模糊地帶」。有的作品雖然是個人書面創作，如一些當代新故事，但它們脫離了文獻記載，在人民口頭不脛而走，故事的作者和出處早已被人遺忘，變成了民間故事。這些故事就可以說既是通俗文學，也是民間文學。另一方面，作家吸取民間文學素材而創作的作品，回到民間又變成新的民間文學，這樣的例子也屢見不鮮，如《水滸傳》、《西遊記》、《三國演義》、《三言二拍》和《聊齋志異》等，這些古典名著中的許多故事情節和藝術形象最初都是產生於民間，後來經過文人提煉加工，才成為雅俗共賞的作品。這些書面文學在被民眾所接受之後，他們又在此基礎上編講新的關於三國、水滸、聊齋等等的口頭故事傳說，可以說是「你中有我，我中有你」。

當然，絕大多數的民間文學作品是可以明顯地與通俗文學區別開來的，「模糊地帶」畢竟只是少數。

腦補知識

四大名著

中國的四大名著是《三國演義》、《水滸傳》、《西遊記》和《紅樓夢》；歐洲的四大名著是《荷馬史詩》、《神曲》、《哈姆萊特》和《浮士德》。

文藝復興時的「藝術三傑」

十六世紀的文藝復興時期，義大利繪畫藝術逐漸成熟，其代表畫家有被譽為「藝術三傑」的李奧納多．達文西、米開朗基羅和拉斐爾。

達文西（西元一四五二至一五一九年），全名為李奧納多．迪．塞爾．皮耶羅．達文西，是義大利文藝復興時期最負盛名的藝術大師。他不但是一位偉大的畫家，同樣還是一位未來學家、建築師、數學家、音樂家、發明家、解剖學家、雕塑家、物理學家和機械工程師。著名作品有《蒙娜麗莎》、《維特魯威人》、《莉妲和天鵝》、《受胎告知》、《最後的晚餐》、《聖母子與聖安娜》、《岩間聖母》。

米開朗基羅．迪．洛多維科．博納羅蒂．西蒙尼（西元一四七五至一五六四年），義大利文藝復興時期偉大的繪畫家、雕塑家和建築師。米開朗基羅創作了著名的《摩西》、《被縛的奴隸》和《垂死的奴隸》。米開朗基羅代表了歐洲文藝復興時期雕塑藝術的最高峰，他創作的人物雕像雄偉健壯，氣魄宏大，充滿了無窮的力量。他的大量作品顯示了寫實基礎上非同尋常的理想加工，成為整個時代的典型象徵。他的藝術創作受到很深的人文主義思想和宗教改革運動的影響，常常以現實主義的手法和浪漫主義的幻想，表現當時市民階層的愛國主義和為自由而鬥爭的精神面貌。米開朗基羅的藝術不同於達文西充滿科學精神和哲理的思考，而是在藝術作品中傾注了自己滿腔悲劇性的激情。

拉斐爾．桑蒂被稱為「施治癒之術的光輝使者」。他的作品具有優雅柔美的風格。他善於把「神」畫成具有「人」的形象，他筆下所畫的聖母，就是生活中神態優美、心地善良的普通母親的形象。拉斐爾的代表作是壁畫《西斯廷聖母》，這幅作品展現了拉斐爾獨特的畫風和人文主義思想。而拉斐爾的肖像畫也有很高的成就，特點是神形兼備，氣韻盎然，多採用微側半身姿態，將背景隱去，唯以人物自然親切的神態凸顯於畫面。代表作為《卡斯蒂廖內像》和《披紗女子像》。

何謂交響樂

交響樂又稱交響曲，源於希臘語「一齊響」，是一種大型樂器之音樂體裁，是音樂中最大的管弦樂套曲。

文藝復興時期就有了交響樂這個說法，但當時的含義和現在完全不一樣。當時的交響樂泛指的是一切多聲部音樂，其中包括聲樂和器樂。到了十六至十七世紀，交響樂被用來稱呼歌劇和清唱劇中的序曲和間奏曲，這時聲樂已經被排除在了交響樂的概念以外，「交響樂」從此成為了一種純粹的樂器演奏曲。

十八世紀初，序曲和間奏曲開始脫離歌劇在音樂會上單獨演奏。這對交響樂的發展產生了重要的作用，義大利那不勒斯的作曲家史卡拉第在自己的作品中，為序曲奠定了「快板一慢板一快板（舞曲風格）」這種三段體式，給後來的交響樂的樂章格式建立了最基本的格式。

十八世紀下半葉，德國的曼海姆樂派在序曲的創作中開創了主調音樂的手法，提高了樂器的表現能力和音樂的戲劇性，並在三段式序曲的基礎上增加了快板的終曲。這樣，就形成了四樂章器樂套曲的雛形。後來的三位音樂大師把古典交響樂發展到了最成熟的階段，他們是海頓、莫札特和貝多芬。這三位大師把維也納樂派和古典主義發展到了顛峰的狀態，也使得交響樂進入了黃金時期，貝多芬更是把交響樂的內涵和思想性發展到了一個新的境界。現代意義上的交響樂概念就在這個時期形成。之後歐洲的浪漫主義作曲家們在繼承了古典主義的精華後，將交響樂的內容、形、樂隊編製，乃至於標題，都進行了不同程度的創新。在這個時期，交響樂的形式更為自由，色彩也更加豐富，表現手法也更多種多樣。

交響曲的結構一般分四個樂章（也有只用兩個樂章或五個樂章以上的），各樂章的特點如下：

第一樂章：奏鳴曲式結構，其音樂特點是快速、活潑，主調具有戲劇性，表現人們的鬥爭和創造性的活動。它強調不同形象的對比和戲劇性的發展，是全曲的思想核心。樂章前常見概括全曲基本形象的慢速序奏。

第二樂章：曲調緩慢，是交響曲的抒情中心，採用大調的下屬調或小調的關係大調。它的曲式常為奏鳴曲式（可省略展開部），單、複三部曲式，或變奏曲式等，具有抒情性。第二樂章往往表現哲學思想，人道主義精神，愛情生活，自然風光等，其內容與深刻的內心感受及哲學思考有聯繫。這裡突出人們的情感和內心體驗。

第三樂章：中速、快速，可回到主調，常以小步舞曲或詼諧曲為基礎，採三段體、變奏曲式等，具有舞蹈性。在古典交響曲的這一樂章中，往往描寫人們閒暇、休息、娛樂和嬉戲等日常生活的景象，以及活潑幽默的情緒。

第四樂章：非常快速，主調多採用迴旋曲式、迴旋奏鳴曲式或奏鳴曲式的結構，它常常表現出生括的光輝和樂觀情緒，也往往表現出生活、風俗和爭奪的勝利，節日狂歡場面等。它是全曲的結局，具有肯定的性質。

因此，交響曲是音樂作品中思想內容最深刻、結構最完美、寫作技術最全面而艱深的大型音樂體裁，它以表現社會重大事件、歷史英雄人物、自然界的千變萬化、富於哲理的思維以及人們為之奮鬥的崇高理想，帶有一定程度的戲劇性。

進入二十世紀後，交響樂仍然在不停的發展著，越來越多的新元素被添加到交響樂中。氣勢恢宏，感情細膩，表現力無限豐富的交響樂仍然擁有大量堅定的愛好者。

何謂搖滾樂

搖滾樂是流行音樂的一種形式，通常由顯著的人聲伴以吉他、鼓和貝斯演出，很多形態的搖滾樂也使用鍵盤樂器，如風琴、鋼琴、電子琴或合成器。其他樂器，比如薩克斯管、口琴、小提琴、笛、班卓琴、口風琴或定音鼓等，有時也被用在搖滾樂之中。此外，較不為人知的曼陀鈴或錫塔琴等弦樂器也被使用過。搖滾樂經常有強勁的節拍，圍繞電吉他、空心電吉他，以及木吉他展開。

一九五〇年初期，美國的流行音樂市場出現了一個三足鼎立的現象。黑人欣賞的音樂基本上以節奏藍調為主，中產階級以上的白人聽的都是叮砰巷歌曲，而中西部的農村聽眾所喜歡的都是與農村生活有關的鄉村音樂。然而，到了一九五〇年代中期，唱片市場出現了兩個明顯的現象，即「市場交叉」和「翻唱版」。「市場交叉」是指原來在一個市場發行的唱片，同時在另一個市場也取得了很好的成績。如有些歌曲在節奏藍調銷售榜上名列前茅，同時在波普（指當時的流行歌曲，叮砰巷歌曲的延續）榜上也倍受歡迎。看到這種有利可圖的市場交叉情況，有些大型唱片公司很快根據現下流行的節奏藍調歌曲製作出自己的版本，由此導致了大量「翻唱版」的出現。這個時候，原來隔開的三個市場，中間的差別性突然消失了，隨之產生一種新的風格——搖滾樂正式誕生了。

在一九六〇年代晚期，搖滾樂與民間音樂融合產生出民謠版的搖滾樂，與藍調融合產生了藍調搖滾樂，還與爵士樂融合出搖滾樂風格的爵士樂，在某個不確定的時期又產生了迷幻搖滾。在一九七〇年代，搖滾樂吸收了來自靈魂樂、放克以及拉丁音樂的元素。與此同時，搖滾樂產生出許多下屬類型，比如軟性搖滾、重金屬、硬搖滾、前衛搖滾及龐克搖滾。一九八〇年所產生的搖滾類型包括合成器流行樂、硬核龐克以及另類搖滾。在一九九〇年，又加入了頹廢搖滾、英倫流行樂、獨立搖滾和新金屬。

搖滾樂不僅唱出人們對愛情、美好生活的追求，還發洩出對現實世界的不滿，涉及到戰爭與和平、民主與政治等方面。其種類、風格繁雜，從幾個大的方面來看，現代搖滾的發展主要基於黑人音樂、地下文化、現代科技以及「後現代」浪潮，形成以「金屬」、「龐克」、「哥德」、「迷幻」、「說唱」、「黑色氛圍」為主要風格的非主流音樂。

腦補知識

Punk（龐克）

龐克搖滾是最原始的搖滾樂，由一個簡單悅耳的主旋律和三個和弦組成。其變化在於龐克搖滾將過去的舊式搖滾樂演奏得更快速更激昂。由於有些樂隊片面地理解了龐克音樂的風格，直到一九七〇年中期，龐克音樂流派才正式形成。

紐約的第一支龐克樂隊是「雷蒙斯」（The ramones），在倫敦則以「性手槍」(Sex pistols) 為代表。儘管他們的音樂表現不盡相同，可這些獨特的嘗試革命性地影響了美式音樂和英式音樂的風格。龐克音樂在美國一直低調地存在，最終在一九八〇年孕育了硬核搖滾和獨立搖滾概念。而在英國，龐克搖滾則成為大眾的寵兒，而「性手槍」更被看作是對政府和君主制的嚴重顛覆。

更重要的是，越來越多的樂隊加入了龐克搖滾。一些樂隊幾乎照搬了「性手槍」的原始風格，另一些則創出了屬於自己的新的元素，如「吵鬧公雞樂團」(Buzzcocks) 的尖銳搖滾，「衝擊樂團」(The Clash) 的讚美詩般的瑞格搖滾，以及「金屬絲」(Wire) 和「歡樂分隊」(Joy Division) 的藝術試驗。不久，龐克分裂為後龐克（比原先更具藝術性和試驗性）、新浪潮（更具東方流行意味）和硬核搖滾（一種形式上更激烈更快速更具侵略性的龐克音樂）。整個一九八〇年代，英國和美國都將龐克的定義與硬核搖滾聯繫在一起。到了一九九〇年初，一批龐克復興主義者——以「年輕歲月」(Green Day) 和「惡臭合唱團」(Rancid) 為代表，逐漸從美國地下樂壇浮出。

世界上主要的宗教

世界上主要有三大宗教，分別是基督教、伊斯蘭教和佛教。基督教又包括新教、天主教、東正教三個派別。

新教是兩千多年前由耶穌的門徒創立的，教徒相信只有一個上帝，他們信奉《聖經》的教義。目前基督教在全世界有約二十一點四億信徒，是擁有最多信徒的宗教，以亞洲、非洲的信徒的發展最快。

天主教又稱公教，自明朝時就沿用的名稱「天主教」已成了正式的中文代名詞。天主教信奉天主，並尊奉瑪利亞為聖母，其基本教義信條「有天主存在；天主永恆、無限、全知、全能、全善，他創造世界和人類，並賞善罰惡；聖父、聖子、聖神三位一體、道成肉身、聖子受難，復活升天，末日審判等。」天主教認為教會為基督所創，乃基督之身，人只有透過教會才能獲得拯救。

東正教又稱正教、希臘正教、東方正教，是基督教的一個派別，主要是指依循東羅馬帝國所流傳下來的基督教傳統的教會。而「正教」的希臘語為「Orthodxia」，意思是正統。

伊斯蘭教是穆罕默德於西元七世紀初在阿拉伯半島創立的，其信仰的教徒稱為穆斯林，他們只信奉一個真主，經書是《古蘭經》。伊斯蘭教包括遜尼派、什葉派、蘇菲派。

遜尼派是伊斯蘭教主要教派之一，全稱「遜奈與大眾派」，自稱「正統派」，被認為是伊斯蘭教的正統派。人數約占全世界穆斯林的百分之八十五以上。與什葉派分別為不同的兩大政治、宗教派別。東亞的穆斯林大多屬遜尼派，遵奉該派的哈納菲法學派。

「什葉」，阿拉伯語譯音，意為「黨人」、「派別」，又譯作「十葉派」。是伊斯蘭教中除遜尼派外人數最多的一個教派。目前，全世界大約有百分之十至十五的穆斯林屬於這個教派，全世界什葉派穆斯林約有八千多萬人，主要分布在伊朗、伊拉克、巴基斯坦、印度、土耳其、阿富汗、黎巴嫩、沙烏地阿拉伯、葉門、巴林等地區。

蘇菲派是伊斯蘭教中的神祕主義派別，是對伊斯蘭教信仰賦予隱祕奧義、奉行苦行禁欲功修方式的諸多兄弟會組織的統稱。亦稱蘇菲主義。

佛教是根據釋迦牟尼的教誨創立的。佛教分為大乘佛教和小乘佛教；小乘佛教又分為顯宗和密宗；顯宗分為空門和淨土宗，其中空門包括禪宗、律宗、法相宗、法性宗、華嚴宗、天臺宗。密宗即藏傳佛教。

中國最早的寺院

中國宗教寺廟，以佛教最多。中國最早的寺廟是洛陽的白馬寺。相傳在西元六四年，東漢明帝劉莊夜夢金神從西而來，飛繞殿庭。於是，莊公派人出使西域，拜求佛法，在大月氏（今阿富汗一帶）遇天竺（印度）高僧攝摩騰、竺法蘭，得見佛經佛像。三年後，漢使與印度高僧用白馬馱載佛經、佛像返回洛陽，漢明帝親自迎接。第二年，在洛陽西雍門外建造寺院，為銘記白馬馱經之功故名白馬寺。

白馬寺位於中國河南洛陽城東一千兩百公尺處，古稱金剛崖寺，號稱「中國第一古剎」，是佛教傳入中國後第一所官辦寺院。建於東漢明帝永平十一年（西元六十八年），距今已有一千九百多年的歷史。被尊為中國佛教之「釋源」和「祖庭」。

唐代時的白馬寺規模宏偉，香火鼎盛。明代嘉靖三十四年加以重修，大體上奠定今白馬寺的規模和布局。白馬寺現有面積約四萬平方公尺，分布在南北中軸線上的主要建築有天王殿、大佛殿、大雄殿、接引殿、清涼臺和毗盧閣等；殿內造像以大雄殿內所存之元代乾漆造像三世佛、二天將、十八羅漢最珍貴。此外還有元、明、清各代的泥塑像，唐、宋、元、明各代的經幢碑刻以及齊雲塔、天竺高僧墓、焚經臺等古蹟。

寺中的大佛殿內高懸一口大鐘，洛陽八大景的「馬寺鐘聲」即由此而來。據說每到月白風清之夜，夜深人靜之時，僧人杵擊大鐘，鐘聲就會響遍方圓十里，經久不絕。更奇妙的是，由於音律相同，只要鐘聲一響，遠在二十五公里之外的洛陽老城，此老城裡的鐘樓大鐘也應聲而和。每年元旦零時，都要在這裡舉行流傳上千年的撞鐘迎新年活動。

何謂大乘佛教

大乘佛教是佛教兩大派別中的一支，另一支為小乘佛教。大乘是梵文「Mahāyāna」的譯文。「Mahā」（摩訶）是大的意思，「Yāna」則是乘，也就是交通工具，是印度佛教對教法的習慣稱呼，按字面意思翻譯就是大教法。

西元一世紀左右，大乘佛教形成於印度，而後傳播至中亞、中國、日本、朝鮮、越南、印尼乃至斯里蘭卡等國。漢傳佛教與藏傳佛教都隸屬於大乘，主要流傳於中國、日本、朝鮮、尼泊爾、西藏、蒙古等地。在越南、臺灣也有相當數量的信徒。

從信仰修證方面來說，大乘佛教認為，三世十方有無數佛同時存在，釋迦牟尼是眾佛中的一個。信仰者只要透過菩薩行的「六度」修習，就可以成佛，擴大了成佛的範圍。「六度」是指布施、持戒、忍辱、精進、禪定、智慧，大乘教徒認為透過這六種方法是能夠脫離生死苦海，達到涅磐彼岸的通道；「四攝」是指在日常生活和活動中，與他人相處時需要遵守的原則，具體是指布施、愛語、利行、同事。大乘佛教認為，這是菩薩救渡眾生時所應遵守的原則和方法。

從教義學說上，大乘佛教主張「人法兩空」，既否定人的主觀精神主題，又否定客觀事物的存在。他們認為，關於客觀事物「空」的認識並不是透過「分析」方法得到的，而是「緣起性空」，即一切「法」都是由因緣和結果而成，不存在本質實體，因而是「空」。事物現象的存在只不過是一種虛幻的假象而已。

菩薩思想是大乘佛教思想的一大特色。所謂菩薩，即指立下弘大誓願，要救渡一切眾生脫離苦海，從而得到徹底解脫的佛教修行者。大乘佛教徒把釋迦牟尼成佛以前的修持階段，即在修習「菩薩行」的階段，作為自己修行的榜樣，因此大乘佛教徒主張可以在家修行，並不強調一定要像小乘佛教徒那樣需要出家修行。這也是大乘和小乘的重要區別。

何謂小乘佛教

大約在西元一世紀左右，印度佛教內形成了一些具有新的思想學說和教義教規的派別。這些佛教派別自稱他們的目的是「普渡眾生」，其信徒信奉的教義好像一艘巨大無比的船，能運載無數眾生從生死的此岸世界到達涅槃解脫的彼岸世界，從而成佛。所以這一派自稱是「大乘」，而把原始佛教和部派佛教一派貶稱為「小乘」。但是對於這一稱呼，「小乘」佛教派別本身是不承認的，例如現在緬甸、泰國、伊斯蘭卡等國的佛教，一直稱為「南傳上座部佛教」。現行佛教史著作中沿用的「小乘佛教」則並沒有褒貶之意。

從信仰修證方面來說，小乘派佛教奉釋迦牟尼為教主，認為世界只能有一個佛，即釋迦牟尼，不能同時有兩個佛。信仰者透過「八正道」等宗教道德修養，可以修行成為阿羅漢（斷盡三界煩惱，超脫生死輪迴）和辟支佛（觀悟十二因緣而得道）。

從教理義學方面來說，小乘佛教一般主張「法有我無」，即否定人我的實在性，而不否定法我的實在性。部分小乘佛教派別則透過「分析」的方法來否定客觀事物，實際上卻承認事物的基本組成因素「極微」的存在，帶有唯物思想傾向。

佛教約在西漢末、東漢初（西元一世紀左右）傳入中國，東漢末年才開始有佛經的大量翻譯。當時有兩位著名的譯經者：安世高和支婁迦讖。安世高翻譯了大量的小乘經典，支婁迦讖則翻譯了大量的大乘經典，在社會上都有相當的影響。因此，在中國，大小乘佛教幾乎是同時傳入。然而，就佛教以後在中國發展的情況來看，主要是大乘佛教的發展。雖然也出現過一些小乘佛教學派和學者，但沒有得到進一步的發展，小乘佛教的各種經典、教理和戒律等只是提供參考而已。

腦補知識

原始佛教

原始佛教指「基礎佛教」，又稱「初期佛教」，是指釋迦牟尼在世時到佛入滅後一百年部派根本分裂之前的佛教。至於小乘的「部派佛教」及後續的大乘佛教、祕密大乘佛教（或稱金剛乘、密續乘），則屬於「發展的佛教」。

最早使用這個分類法的是日本的佛教學者。目前較被廣為接受的說法，則是印順法師在《原始佛教聖典之集成》提出的定義：「我以為，佛陀時代，四五（或說四九）年的教化活動，是『根本佛教』，是一切佛法的根源。大眾部與上座部分立以後，是『部派佛教』。佛滅後，到還沒有部派對立的那個時期，是一味的『原始佛教』。」

原始佛教的教理包括四聖諦、空三昧、十二因緣、五蘊、六入處、八正道等。後來，則彙集為由經藏（各種經文）、律藏（講佛戒）、論藏（明示教法）組成的「三藏」。

何謂舍利子

舍利是指佛教祖師釋迦牟尼佛圓寂火化後留下的遺骨和珠狀寶石樣生成物。兩千五百年前，釋迦牟尼涅槃的弟子們在火化其遺體時，從灰燼中得到了一塊頭頂骨、兩塊肩胛骨、四顆牙齒、一節中指指骨舍利和八點四萬顆珠狀真身舍利子。佛祖的這些遺留物被信眾視為聖物，爭相供奉。

舍利子印度語為馱都，也叫設利羅，中文翻譯叫靈骨、身骨、遺身。據觀察，舍利是一種骨質結晶物，其物質組成結構不詳。不過，舍利子跟一般死人的骨頭完全不同。它的形狀千變萬化，有圓形、橢圓形，有的呈蓮花形，有的呈佛或菩薩狀。顏色有白、黑、綠、紅的，也有其他顏色；有的像珍珠、有的像瑪瑙、水晶；有的透明，有的光明照人，就像鑽石一般。

關於舍利子的形成，眾說紛壇。經書上說，舍利子是一個人透過戒、定、慧的修持、加上自己的大願力得來的，它十分稀有、寶貴。像佛陀涅槃後，所燒出的舍利就有一石六斗之多，在當時有六個國王爭相分割佛陀舍利，每人各得一份舍利。他們將佛的舍利帶回自己的國家，且興建寶塔，以讓百姓瞻仰、禮拜。

另外，修行有成就的高僧及在家信徒，往生後也都能得到舍利。如中國的六祖惠能，近代的弘一、印光、太虛、章嘉等大師們，他們都留下相當數量的舍利。

有些學者提出，由於佛門僧人長期都是素食，攝入了大量的纖維素和礦物質，經過人體的新陳代謝，極易形成大量的磷酸鹽、碳酸鹽等，最終以結晶體的形式沉積於體內而形成。然而這種解釋並不完全，世界上素食主義者成千上萬，為何並無舍利子出現?佛門弟子不計其數，為什麼不是每個人都有舍利子呢？一些學者認為，舍利子可能是一種病理現象，類似膽結石、腎結石之類。這種解釋也難自圓其說，不少罹患結石症狀的病患，死後火化無一例有舍利子存在，況且出舍利子的高僧生前幾乎都是身體健康、安詳自在的長壽老人。

舍利現象本十分罕見。但近年來，舍利現象屢屢出現，成為當代佛教界的奇聞。

何謂工夫茶

所謂工夫茶，並非是茶葉或茶類的名字，而是一種泡茶的技術。比如潮汕地區的工夫茶，是因為這種泡茶的方式極為講究，操作起來需要一定的工夫。此工夫，乃是沏茶的學問和品味的功夫。「工夫」二字，要在水、火、沖三者技巧中求之。水、火都講究一個活字，活水活火，是煮茶要訣。

首先，煮茶要訣為「水常先求，火亦不後」。蘇東坡詩云：「活水仍須活火烹」。

活火，就是炭有焰火，其勢生猛之謂也。潮州人煮茶用的叫做「絞積炭」，「絞積」是一種很堅碩的樹木，燒成炭後，絕無煙臭，敲之有聲，碎之瑩黑，是最上等的燃料。還有用烏欖核作為炭的，火焰淺藍，焰火均勻，更是特別。

工夫茶起源於宋代，在廣東的潮州府（今潮汕地區）及福建的漳州、泉州一帶最為盛行，是對唐、宋以來品茶藝術的承襲和深入發展。

工夫茶以濃度高著稱，初喝似嫌其苦，其茶葉採用的是烏龍茶葉，如鐵觀音、水仙和鳳凰茶。烏龍茶介乎紅、綠茶之間，為半發酵茶，只有這類茶才能沖出功夫茶所要求的色香味。

品工夫茶是潮汕地區很出名的風俗之一。在潮汕本地，家家戶戶都有工夫茶具，每天必定飲用。即使居住外地或移民海外的潮汕人，也仍然保存著品功夫茶這個風俗。可以說，有潮汕人的地方，便有工夫茶的影子。

腦補知識

工夫茶十一程序

中國工夫茶操作規程有十一程序，合稱為工夫茶十一程序：

嗅茶：主人取來上好的茶葉，介紹該品種的特點、風味，依次傳遞欣賞嗅品一番。

溫壺：未放置茶葉前，先將開水沖入空壺，謂之「溫壺」。溫壺之水倒入茶船（茶盤）中。

裝茶：應備有茶匙、漏斗，不宜用手抓茶置放，以免手氣、雜味混入。通常將茶葉裝至茶壺的三分之二，甚至滿溢，數量以多為主。

潤茶：沸水沖入壺中，至滿，使竹筷刮去壺面茶沫，當即倒入茶船或茶海（一種較大的茶杯）中。

沖泡：再次沖入開水，但不可使用沸水。這便是第一泡茶。

澆壺：蓋上茶蓋澆上開水，使壺內壺外溫度一致。

溫杯：等候茶水泡好的同時，用剛才溫壺及潤茶的茶水在茶船中清洗茶杯（一種比酒盅略小的小茶盅）。

運壺：在泡好第一泡茶時，提壺沿茶船的邊緣來回運行，俗稱「遊山玩水」，避免讓壺底的水滴入茶杯。

倒茶：將溫熱的小茶盅一字排開，依次來回澆注，又稱「巡河」；或將壺中茶水先倒入茶海再注入杯中，切忌倒茶時一杯倒滿再倒第二杯，免得濃淡不均。

敬茶：尤以敬第一杯茶最為重要，受之者必為在座「首席」。

品茶：工夫茶全套步驟中最講究的一環，從欣賞茶色、茶味、茶香到嗅、啜並舉，回味再三，餘味無窮。

何謂香檳酒

香檳是法國東北部馬恩河谷的一個地名，它作為著名的香檳酒產地已有兩千年的歷史。一六六八年，奧維利修道院的管家修士丹．佩里農為了釀造出甘甜可口的葡萄酒，把各種灰葡萄酒攪拌，用軟木塞密封後放進酒窖。第二年春天，當他把那

何謂香檳酒

些酒瓶取出時，發現瓶內酒色清澈，明亮誘人。一搖酒瓶，酒瓶便應聲碎裂，頓時整個地窖內芳香四溢。修士丹將成品展現給眾人，所有人都感到新奇，爭著品嘗新酒，並把這種酒稱為「爆塞酒」、「魔酒」。後來，人們按照用產地命名的習慣，把它命名為香檳。

香檳區位於法國巴黎的東北部，是法國最北面的一個葡萄酒產區。香檳區所處的地理位置決定了它同時受大西洋溫和氣候和大陸性氣候的影響，加上分布廣泛的獨特的白堊土質，使得香檳區的葡萄的溼度平穩，香味細膩，單寧含量較低而果酸和成熟度恰到好處。這種葡萄最適合釀製風格優雅、口感細緻的香檳酒。

香檳酒屬起泡葡萄酒，和靜態葡萄酒一樣，有紅、白兩種顏色。香檳酒的釀製上有一套十分特殊的工藝，這種工藝從葡萄採摘就開始了。香檳區只種植三種葡萄，分別是釀製紅色香檳的黑品樂、莫尼耶品樂以及釀製白色香檳的夏多內。香檳區的葡萄採摘必須全程手工，採摘後也不能隨意扔進籃子裡，必須用手把一串串葡萄分裝進小籃子裡，這樣可避免葡萄破損而使汁液溢出。採摘後的葡萄須馬上榨汁，按香檳區的規定，每四千克的葡萄只能榨出兩千五百公升用來釀酒的葡萄汁。等到酒裝瓶後，要進行瓶中二次發酵，時間至少一年以上；然後再進行人工或機器搖瓶。搖瓶對香檳酒來說特別重要，每次只能將瓶轉動十五度角，這樣既能去掉沉澱物質，又能保持酒體的純淨和風味，豐富口感。搖瓶後的香檳酒待裝瓶封上軟木塞後便能飲用。

香檳「Champagne」一詞，與快樂、歡笑和高興同義。因為它是一種慶祝佳節用的酒，具有奢侈、誘惑和浪漫的色彩，也是葡萄酒之王。由於它是在瓶中或在罐中發酵形成的，發酵生成的二氧化碳氣充滿酒瓶，使瓶中壓力增大，所以在拔除軟木蓋時會發出悅耳的聲響。香檳酒也因此成為喜慶宴上不可或缺的酒類之一。

酒瓶上的「XO」含意

XO不是一種品牌，在白蘭地中表示「儲藏期」的意思，是葡萄蒸餾酒（白蘭地）的一種等級表示方法，是「extra old」的縮寫，意指「極陳年」。

法國白蘭地（Brandy）是一種烈酒，由葡萄酒或水果發酵後蒸餾而成，但須放在木桶裡並經過相當長的時間。世界各國都出產白蘭地，而葡萄酒以法國產的最好，所以法國白蘭地的品質也是最好，其中以干邑白蘭地（Cognac Brandy）尤為世界馳名。

白蘭地大體分為三個等級，第一級為「V.S」，即三星級。法國相關法律規定，干邑白蘭地加入清水稀釋時，原酒的最低酒齡至少須在一年半以上。第二級為「V.O」、「V.O.P」以及「V.S.O.P」，加入清水稀釋時原酒的最低酒齡至少為四年至四年半以上。第三級為「X.O」、「napoleon」、「extra」等，為年齡上等的陳年白蘭地，稱為精品或極品，加入清水稀釋時最低酒齡須在六年以上。

所以，「X.O」與年分酒是有區別的，年分酒是指某年收穫的葡萄釀製的非蒸餾酒。此外，「X.O」也是給干邑等用葡萄做的烈性酒定的一種等級。它是根據酒在橡木筒裡存放的時間長短而定的。「X.O」是存放時間最長的，「X.O」就是陳年老酒的英文縮寫，其次是「X.O.P」、「VS」，存放時間最短的就是拿破崙。

世界上第一枚郵票

十七世紀，英國已創辦了國家專營的郵政事業。一八三〇年的英國，寄信是按郵程距離及信的頁數向收信人收費的。昂貴的郵資使一般人難以承受，於是人們想盡辦法少付郵費或免付郵費，造成國家郵政收入反而減少。

有一天，一個叫羅蘭．希爾的國會議員在街上散步，他看到一個郵差把一封信交給一個少女。少女接過信，匆匆看了一眼，馬上又把信還給了郵差，不肯收下。希爾十分納悶。郵差走後，他好奇地問少女為何不收信，少女告訴他，那封信是自己遠方的未婚夫寄來的，因為郵資昂貴，她支付不起，所以不能收。不過，她已從信封上了解了對方的情況。原來，他們約好在信封上作一種只有他倆才懂得的暗記，這樣用不著看信的內容就可以互通音訊了。

羅蘭．希爾深感郵政制度給人們帶來的不便，決心改革。在進行了一系列調查、分析、計算和創新後，羅蘭．希爾提出了三項建議，第一，由寄信人在郵局支付現金；第二，透過對信封、信紙收費的辦法統一郵資；第三，使用「一片只夠蓋上郵戳即可的紙片，在其背面塗上膠水。這樣，其持有者將紙片浸溼後，可將它貼在信封之上。」

一八三九年八月，維多利亞女王簽署法令，決定正式採納希爾的建議。一八四〇年一月十日，英國議會決定實行羅蘭．希爾的建議，不論遠近，信函每盎司均收費一便士。這即是在世界郵政史上影響深遠的一便士均一郵資制。

英國對郵資已付憑證的圖稿進行了公開收集，當時收到的圖稿很多，均不合用，後來羅蘭．希爾選定一種紀念章上的維多利亞女王側面像為票圖案。圖案頂部中間有郵資字樣，底部中間是面值一便士。因為是用黑色印刷的，所以又稱黑便士。全張橫十二枚，豎二十枚，共兩百四十枚，面值恰好一英磅。因為當時沒有發明打孔機，所以郵票四周沒有齒孔。

黑便士郵票原定於一八四〇年五月六日發行，但部分郵局在五月一日就開始發售，世界上第一枚郵票就這樣誕生了。為表彰羅蘭．希爾對郵政改革做出的傑出貢獻，英國女王賜他爵士稱號，人們尊稱他為郵票之父。

世界上最大的圖書館

美國國會圖書館是世界上最大的圖書館，是一八〇〇年根據美國國會法令作為美國立法機構的研究圖書館而建立，同時隨國會遷往華盛頓。原專供美國國會議員及政府高級官員使用，現已對聯邦各部門和公眾開放。

美國國會圖書館由三棟大樓組成。湯瑪斯．傑裴遜大樓的義大利文藝復興時代式樣是最古老的建築，在一八九七年建成，是當時世界上的最大且耗資最高的圖書館建築物，內部陳設有精緻華麗的雕像、壁畫、鑲嵌圖畫等均由當時五十位美國藝術家所出的傑作。大廳內有高聳的大理石柱、壁畫和鑲嵌圖畫、雕像和五彩玻璃窗，都生動地描繪出跟學術有關的主題和與文化有關的淵源。從參觀臺上可以看到整個的總閱覽室，由地面到圓頂是一百六十尺高，室內有四千五百萬冊的參考書，有兩百五十個座位，以及數臺電腦資料庫，能夠檢索所有的資料庫目錄。

約翰·亞當斯大樓在一九三九年建成，外層由喬治亞大理石砌成，設計簡樸而莊嚴。在大銅門上的雕像是代表歷史上十二位對文字藝術有過貢獻的人，其中包括中國象形文字的鼻祖倉頡；希臘神話中首創字母的卡德摩斯；發明美國印地安人的切羅基族音節文字音符體系的印地安人塞闊雅。五樓的閱覽室裝飾著以斯拉·溫特的描繪坎特伯雷故事集的壁畫。

詹姆斯·麥迪森大樓於一九八〇年四月二十四日啟用，用白色大理石砌成。該大樓使圖書館在國會山莊的占地面積增加了兩倍有餘，樓內設有美國第四任總統詹姆斯·麥迪森正式紀念堂以及八個閱覽室、若干辦公室和儲藏七千萬件以上的特藏文件和圖書。

美國國會圖書館藏有八千六百多萬件圖籍，包括人類各科知識，從古寫本到光學磁片，若將所有的書架連接起來，可長達兩百七十多公里，收進來的書籍平均每分鐘有十件。圖書館內有兩千萬件書籍和小冊子，分別以六十種語言寫成。另外還有三千六百萬份手稿，包括美國歷史和文化的珍藏：如總統、世家、作家、藝術家和科學家的手稿。

國會圖書館還有世界上最大、最完整的地圖收藏約四百萬件地圖和地圖集，其中可追溯至十四世紀中葉；以及七百萬件的音樂作品收藏，其中包括作曲家親筆簽名樂譜，作曲家和音樂家之間的來往函件，也有世界各地的笙笛以及義大利斯特拉底瓦里小提琴和托特提琴弓。

國會圖書館有一項主要任務，就是隨時回答國會提出的各式各樣的問題。圖書館和國會大廈之間橫跨著一條長三百三十五公尺的運輸管道，傳遞資料非常迅速。圖書館平均每天收到的問題有兩千個，有的問題幾分鐘就能回答，有的需要研究幾個月才能答覆。圖書館各個部門都用電腦管理，以現代化水準來說，在全世界圖書館中是最高的。

世界上第一所成立的大學

義大利的波隆那大學是公認歷史最悠久的大學。一九八八年九月十八日，波隆那大學建校九百年之際，歐洲四百三十個大學校長在波隆那的大廣場共同簽署了歐洲大學憲章，正式宣布波隆那大學為歐洲「大學之母」，即歐洲所有大學的母校。

波隆那大學坐落於義大利艾米利亞羅馬涅大區的首府波隆那。儘管大學的章程最早制定於一三一七年，但事實上早在十一世紀末，波隆那就已經出現了第一個法律學院，所以大學的確立建立時間，由喬蘇埃．卡爾杜奇所領導的歷史委員會考證確定為一〇八八年，波隆那大學的創辦者則確定為依內里奧。

波隆那大學的根源要追溯到十一世紀的波隆那，當時眾多語法學、修辭學和邏輯學的學者們聚集在一起，共同評注古老的羅馬法法典。在聽取了依內里奧的四位學生的建議之後，當時的統治者費德里克一世於一一五八年頒布法令，規定了大學不受任何權力的影響，在研究場所享有獨立性。

十四世紀以後，波隆那大學又迎來了眾多邏輯學、天文學、醫學、哲學、算術、修辭學以及語法學的學者。一三六四年，波隆那大學建立了神學院。眾多科學史和文學史上的名人都曾經在這裡求學、研究或從事教學工作，其中最著名的有圭多．圭尼澤利、但丁、法蘭西斯克．彼特拉克、奇諾．達皮斯托亞、切科．達斯科利、雷．恩佐、薩林貝內．達帕爾馬和科盧喬．薩盧塔蒂。

波隆那大學在十五世紀進行了小規模的縮減，但保留了很多像安德莉亞．阿爾恰多這樣著名的學者，同時開始了希臘文和希伯來文的教學。

十六世紀，波隆那大學開創了被稱為「自然魔法」的教學，即是我們今天的實驗科學。這段時期著名的人物有彼得羅．蓬波納齊，他透過自然科學的研究向傳統的神學發出了挑戰，而烏利塞．阿爾德羅萬迪，則奠定了自然科學的基礎，他對藥理學的發展有重要的貢獻，並對很多動物、化石和自然現象做了收集和分類。在同一時期，大學成為代數學研究的中心，代表人物有卡爾達諾和費羅。加斯帕雷．塔利亞科齊等開始了整形外科最初的研究。

十七世紀是波隆那醫學發展的黃金時期，瑪律切洛．瑪律比基開始利用顯微鏡進行人體解剖學的教學研究。得益於他們做出的努力，醫學在這段時期有了巨大的進步。

　　中世紀時，波隆那大學的聲譽已經在整個歐洲傳播開來，使其成為了學者們爭相嚮往的學術聖地。像湯瑪斯．貝克特、帕拉塞爾蘇斯、雷蒙多．德佩尼亞福特、丟勒、聖卡洛．博羅梅奧、大詩人塔索、哲學家伊拉斯謨、教皇尼古拉五世、皮科．德拉米蘭朵拉、藝術理論家阿爾貝蒂以及卡洛．哥爾多尼等，都來過這裡求學。尼古拉．哥白尼在這裡學習教皇法的同時，也開始了自己對天文的觀察和研究。

　　伴隨著十八世紀工業革命的到來，波隆那大學對推動科學技術的發展做出了獨特的貢獻。這個時期，伽伐尼、亞歷山德羅．伏打、本傑明．佛蘭克林、亨利．卡文迪什等人共同開創了現代電氣時代。而義大利統一之後，波隆那大學迎來了它的又一個學術高峰時期，其間著名的學者有奧古斯托．里吉、費代里戈．恩里克斯、賈科莫．恰米奇安以及奧古斯托．里吉等。波隆那大學一直保持著其在世界文化學術界的中心位置，直到二次世界大戰的爆發，研究和教育的重心被轉移。今天的波隆那大學擁有超過十萬名註冊在校生，是義大利學生最多的大學之一。

牛津大學的功能與構造

牛津大學是英國最古老的大學。十二世紀末，牛津鎮已經是一個重要的教育中心，許多歐洲大陸與其他地方的學者大多都定居在此，在一〇九六年時就有從事一些教學活動。一一六七年巴黎大學的排外活動，讓許多英國學者離開法國回到英國牛津，從事經院哲學的教學與研究。於是人們開始把牛津作為一個「總學」，基本上這就是牛津大學的前身。

一二〇九年，由於學生的暴力行為，大學被解散。一二一四年六月二十日，經過一名聖座大使的協調，大學才重新回到了牛津，並得到了特許。牛津大學的身分直到一五七一年通過的一項法案才得到實質上的肯定。

構成牛津大學的學院有許多在十三至十六世紀之間創立，基督教會學院是一五二五年湯瑪斯．沃爾西主教創建，作為培訓主教的教會學院。湯姆方園裡的塔樓上半部是一六八二年建造，為牛津鎮最大的塔樓。默頓學院是牛津最古老的學院（一二六四年）。其它還有新學院（一三七九年）、皇后學院（一六九五年）等。每所學院均有其輝煌的歷史和神話般的建築遺蹟，描畫出各種有趣的史實。

目前，牛津共有三十九個學院，學院和學校的關係就像美國中央政府與地方政府的關係，採用聯邦制形式。每一所學院都由戶籍上的負責人和學術單位的研究者們管理，他們都是各種學術領域的專家，其中大多數在學校都有職位。六個準學院為各宗教教派所辦，至今還保留著它們的宗教特許狀。此外還有一個進修學院。在三十五個學院中，萬靈學院目前沒有學生，只有院士。各學院規模不等，但都在五百人以下，學生、教師（院士）來自不同的專業學科。

除學院外，牛津大學的教學和研究活動，主要由學部來組織，學部不是大學內的自治單位，它們都是跨學院的機構，不附屬於任何一個學院，不過各學部的教師和學生，都必須是牛津大學內某一學院的一員。牛津現有十六個學部，分別為人類學和地理學學部，生物科學學部，臨床醫學學部，英語和文學學部，法學學部，經典、哲學和古代歷史學部，數學學部，中世紀和現代語言學部，現代歷史學部，音樂學部，東方學學部，物理科學學部，生理科學學部，心理學學部，社會學學部，神學學部，文科學部下一般不再分系，理科學部下又分成三十多個系，部分學部還設有一些研究所。此外，部分研究所（如教育研究所，招收有研究生）不隸屬上述各學部，而直屬於大學。

腦補知識

牛津與劍橋

長久以來，牛津大學和劍橋大學一直是被人們聯繫在一起的。在英文裡有一個專有的詞「牛橋 -Oxbridge」。其實兩校差別並不大，學校組織、建築格式等也類似。劍橋本身就是在牛津大學的學生和市民產生衝突之後，師生輾轉到劍橋建立的。因此，兩校之間的接觸與交流一直很密切。

當然，不同之處也是存在，比如牛津大學更注重思想，而劍橋大學更注重求知。這大概就是牛津出了二十九名首相，劍橋出了六十一個諾貝爾獎獲得者的原因。

何謂「蒙太奇」

蒙太奇，是法語「montage」的譯音，原是法語建築學上的一個術語，意為構成和裝配。但到了俄國，它被發展成一種電影中鏡頭組合的理論，表示鏡頭的組接。

蒙太奇基本上是俄國導演發展出來的理論，是由普多夫金根據美國電影之父格里菲斯的剪輯手法延伸出來的，然後俄羅斯導演愛森斯坦也提出了相關性的看法。普多夫金認為，兩個鏡頭的並列意義大於單個鏡頭，甚至將電影比喻成是鏡頭與鏡頭構築並列的藝術。用遠景以及大量特寫的連接造成心理、情緒與抽象意念的結果。艾森斯坦則受俄國辯證性哲學思維的影響，認為鏡頭間的並列將造成第三種新的意義。當人們在描述一個主題時，將一連串相關或不相關的鏡頭放在一起，以產生暗喻的作用，這就是蒙太奇。例如將母親在煮菜、洗衣、帶小孩、甚至父親在看報等鏡放在一起，就會產生「母親十分忙碌」的感覺。

簡要地說，蒙太奇就是根據影片所要表達的內容和觀眾的心理順序，將一部影片分別拍攝成許多鏡頭，然後按照生活邏輯、推理順序、作者的觀點傾向及其美學原則聯結起來的手段。

電影的蒙太奇，主要是透過導演、攝影師和剪輯師的二度創作來實現的。電影的編劇為電影設計劇本，電影的導演在這個劇本的基礎上運用蒙太奇進行二次創作，最後由攝影師運用影片的造型表現力具體展現出來。

在電影的製作中，導演按照劇本或影片的主題思想，分別拍成許多鏡頭，然後再按原定的創作構思，把這些不同的鏡頭有效率地組織、剪輯在一起，使之產生連貫、對比、聯想、襯托懸念等情緒營造，並搭配快慢不同的節奏，有效率地讓前後片段順利聯繫，從而有選擇地組成一部反映一定的社會生活和思想感情、為廣大觀眾所理解和喜愛的影片，這些構成形式與構成手段，就叫做電影蒙太奇。

何謂嬉皮士

一九六〇年的西方，有一部分年輕人蔑視傳統、廢棄道德、有意識地遠離主流社會，以一種不能融入於主流社會的獨特生活方式，來表達他們對現實社會的叛逆，這些人被稱為「嬉皮士」（Hippie）。由嬉皮士舉辦並參加的「以文化的反叛和生活的反叛」為主要內容的反叛運動，就被稱作「嬉皮士運動」。

嬉皮士運動最早可以追溯到一九五〇年，當時美國開始出現「潮人」、「披頭族」等一詞，一九六〇年，美國當代年輕族群開始出現嬉皮士，同時從藍調音樂演化出搖滾樂。在美國東海岸的格林威治村，年輕的反文化者稱他們自己為嬉皮。這些人鼓吹遠離社會，提倡「新生活」、「新文學」和「新藝術」，他們吸食大麻、聽爵士樂、反對傳統的兩性觀念，開嬉皮士文化之先河。在學生反叛的歷史氛圍之下，嬉皮士運動逐漸形成規模，嬉皮士文化也成為當代風氣。當時，許多年輕人穿著奇裝異服、留長髮、蓄鬍子、吸食毒品、聽爵士樂、跳搖擺舞、同性戀、群居村等極端行為來反抗社會，抗拒傳統。

一九六五年九月六日，舊金山的一家報社的報紙上，使用首先使用了嬉皮士這個詞來描寫這些年輕族群。一九六七年，美國麻薩諸塞州一位名叫麥克·梅特利的十六歲中學生離家出走，周遊全國，希望尋找友誼和手足之情。一九六八年，他來到了萊頓城，與七名輟學的大中學生一起，建立起最初的群居村——「萊頓公社」。他們生活簡單，男女分居，從木屋旁的小溪裡汲水，用木材燒火煮飯，主要糧食是馬鈴薯、玉米和大豆。在「回到史前」和「尋找友誼」等口號的引導下，群居活動在美國興起。最初，群居村主要建在舊金山的衿樹嶺地區、洛杉磯的日落大道和紐約的東村，後來遍及全國。一九六九年，美國五十七所大學中有百分之三十一點五的學生沾染過毒品，有人稱這種現象為「毒品文化」。

部分嬉皮士還沉迷於男女之間的魚水之歡，以及同性戀的感情之中，以追求快感，擺脫苦惱，蔑視和反抗傳統的性愛觀。一九七〇年，全美國有兩百多個群居村，成員四萬人；一九七一年發展到近三千個群居村。群居村裡崇尚反樸歸真的生活，實行財產、子女乃至性生活的公有制，注重教育和環境保護。群居村的成員們要創造一種另類的生活，他們認為「我們生活在美國，但我們不屬於美國。」美國是一個被慣例和陳規充斥的世界，它已經成為壓制人的個性、迫害個人自由生活的陋習總和，只有逃離這個社會，擺脫與現實社會和現實文化模式的種種聯繫，才能使個人和美國社會免於走進死胡同。群居村活動一直持續到一九七〇年的末期至一九八〇年的後期。一九七六年七月七日，《時代》雜誌將嬉皮士運動作為其封面故事：《嬉皮士：一個次文化的哲學》。

嬉皮士運動迅速蔓延到歐洲，在歐洲出現許多嬉皮士的群居村。在聯邦德國，這樣的群居村大約有十一萬個。在丹麥首都哥本哈根的市郊，有一個北歐最大的「自由村」，其成員都是年輕男女，他們拋棄一切現代文明的束縛，自由並「原始」地生活。

很多嬉皮士來自白人富裕家庭，他們拋棄富裕，感受並讚美貧窮，體驗簡單而隨意的生活。正因為這些富家子弟享受過主流中產階級的舒適生活，才有可能成為這種反叛者；也只有真正感受過主流文化的人，才有可能看到它的弊端，從而對它進行批判。他們也擁有了自己的特徵，長髮、大鬍子、色彩鮮豔的衣著或不尋常的衣飾；聽一樣的音樂，比如傑米．亨德里克斯和傑佛森飛艇的幻覺性搖滾樂等等。

被譽為「音樂城」的城市

被稱為音樂城的城市是奧地利的維也納。因為維也納不僅誕生了貝多芬、莫札特、舒伯特、海頓、小約翰．史特勞斯等音樂大師，更是著名圓舞曲華爾滋的故鄉，同時也是歐洲許多著名古典音樂作品的誕生地。所以，維也納一直享有世界音樂名城的盛譽。十八世紀，這裡是歐洲古典音樂「維也納樂派」的中心；十九世紀是舞蹈音樂的主要發揚地，世界各地皆有許多著名音樂家來這裡居住，從事創作和演出活動。

十八世紀中葉是女王瑪麗亞．特蕾莎統治的時期，她不僅在政治、經濟、軍事等領域進行改革，使奧地利的版圖日益擴大，而且熱情贊助各種藝術，尤其對音樂極其熱愛，經常在美泉宮舉辦音樂會，觀賞歌劇表演。因此，這個時期湧現了許多傑出的音樂大師，比如被人們稱為「樂壇神童」的莫札特，八歲時創造了第一批奏鳴曲和交響曲，十一歲就演出了第一部歌劇。貝多芬是德國人，但音樂創作在維也納，成名在維也納，最後長眠在維也納。史特勞斯家族是輕音樂派，老史特勞斯的三個兒子分別被譽為「圓舞曲之王」、「狂想圓舞曲創始人」、「圓舞曲家兼指揮家」。還有「藝術歌曲之王「舒伯特」，一生創作了一千多首樂曲。

維也納的音樂藝術博大精深，走過街頭巷尾，即使不懂當地語言，仍可憑藉想像、憑著音樂的魅力去感受這個城市的美。漫步維也納市區，幾乎到處可以看見一座座造型逼真的音樂家雕像，城市許多街道、公園、劇院、會議廳等都是用世界著名音樂家的名字命名的。

人們常說在維也納，一位街頭藝人的水準往往高過一個音樂教授。然而，音樂之都有的不僅僅是音樂，聖斯德望主教座堂是歐洲哥德式建築的典範，美景宮堪稱巴洛克建築中最耀眼的傑作。氣勢磅礴的維也納國家歌劇院也矗立在這裡，和維也納不朽的經典旋律為世人矚目。

腦補知識

維也納金色大廳

金色大廳是維也納最古老、最現代化的音樂廳，是每年舉「維也納新年音樂會」

的法定場所。一九三九年開始，每年一月一日都會在此舉行「維也納新年音樂會」，後因戰爭一度中斷，一九五九年又重新恢復。

金色大廳造型美觀大方，色彩和諧，被稱為「世界歌劇中心」。設計最獨特的是移動舞臺，縱深四十六公尺，由數層平臺組成，可隨意升高、降低或轉動；樂池可容納一個一百一十人的樂隊；舞臺總面積達一千五百平方公尺，配備有現代化的照明設備。觀眾席位於劇場中央，共六層，可容納兩千兩百人。

金色大廳始建於一八六七年，一八六九年竣工，是義大利文藝復興式建築。外牆黃紅兩色相間，屋頂上豎立著許多音樂女神雕像，古雅別緻。維也納交響樂團每季度至少在此舉辦十二場音樂會。一八七〇年一月六日，音樂廳的金色大演奏廳舉行首場演出。一八七二年到一八七五年間，著名音樂家布拉姆斯曾負責組織音樂會。音樂廳屬於奧地利音樂之友協會，該協會擁有會員七千多人，據說是世界上歷史最久、人數最多的音樂組織。

日文裡的漢字由來

在古代，日本只有語言而沒有文字。唐朝時，日本派出使節和大量的留學生來中原學習，學了很多東西帶回去，漢字也是其中之一。那時的漢字和現在的簡化漢字並不一樣，而且發音也不同。最初的日語是把漢字作為表音的符號使用的，即日語有幾個音節，就用幾個漢字。

然而在使用中國的漢字以後，日本人發現漢字並不能準確的表達自己民族的一些感情。所以西元九世紀，日本人在漢字的基礎上又創造了自己的文字——假名。「假」即「借」，「名」即「字」。只借用漢字的音和形，而不用它的意義，所以叫「假名」。那些直接沿用其音、形義的漢字叫真名。

假名有兩種寫法，平常的書寫體是平假名，主要是舊時代婦女使用的，由四十八個字構成，用來書寫土生土長的日本詞、虛詞、動詞結尾，以及用來書寫那些用正式批准的通用字無法書寫的中國外來語。片假名也是由一組四十八個字構成，主要用來書寫中文以外的外來詞的，用於強調象聲詞或動植物學等。

但是，這不表示完全用假名而放棄真名（漢字）的使用了。書寫日語時，漢字仍然作為一種優秀的文化而被沿襲，並且日本人也很喜歡書法。在使用漢字時，往往就把假名作為標注發音的方法寫在漢字上方。只不過隨著中日兩地的各自發展，日文漢字和中文漢字已經有了很大的區別。雖然部分寫法一樣，但意思已經不同了；有的甚至在意思上差距很大。日語中經常能感覺到發音像中文但又不完全一樣，就是因為大多沿襲的是古代中文的書寫和發音。寫法也是一樣，大多是從繁體中文演變過來的，部分甚至已經演變成日文的專有漢字，中文辭典已經沒有收錄。

何謂十四行詩

十四行詩，又譯作「商籟體」，為義大利文「sonetto」、英文「Sonnet」、法文「sonnet」的音譯。十四行詩原是流行於歐洲民間的抒情詩體裁，是為歌唱而作的一種詩歌體裁。

十四行詩最早產生於義大利，文藝復興時期義大利詩人法蘭切斯科是這種詩體的主要代表。他一生寫了三百多首十四行詩，他筆下的十四行詩每首分成兩部分：前一部分由兩段四行詩組成，後一部分由兩段三行詩組成，即按四、四、三、三編排，其押韻格式為ABBA、ABBA、CDE、CDE或ABBA、ABBA、CDC、CDC。每行詩句十一個章節，通常用抑揚格。

法蘭切斯科的十四行詩在藝術上更加完美，他繼承「西西里詩派」、「溫柔的新體詩派」的傳統，以浪漫的激情、優美的音韻、豐富多彩的色調表現人物變化而曲折的感情，注進了新時代的人文思想，使得十四行詩成為其他國家詩人後來競相模仿的重要詩體，對歐洲詩歌的發展產生了重大影響。

在義大利文藝復興文學的影響下，十四行詩傳入法、英、德、西諸國，並適應各國語言的特點，產生了不同的變體。十六世紀末，十四行詩成為英國最流行的詩體之一，產生了像錫德尼、斯賓塞這樣著名的十四行詩人。而後來的莎士比亞進一步豐富和發展了這一詩體，一生寫下一百五十四首十四行詩。莎士比亞的詩作改變了法蘭切斯科的格式，由三段四行和一副對句組成，即按四、四、四、二編排，其押韻格式為ABAB、CDCD、EFEF、GG。每行詩句有十個抑揚格音節。莎士比亞的十四行詩比法蘭切斯科更向前邁進一步，主題更為鮮明豐富，思路曲折多變，起承轉合運用自如，常常在最後一副對句中點明題意，表達出新興資產階級的理想和情懷。

以後，米爾頓、華茲渥斯、雪萊、濟慈等也因寫作優秀的十四行詩而享有聲譽。中國現代新體詩歌剛剛流行的時候，很多的前輩詩人都受到十四行詩的影響，如徐志摩、聞一多等。

何謂古典音樂

古典音樂是一個含義廣泛的術語。廣義的古典音樂是指西洋音樂，包括從西方中世紀開始，直至今日在歐洲主流文化背景下創作的音樂，或指紮根於西方傳統禮拜式音樂和世俗音樂，涵蓋了約西元九世紀至今的全部時期。主要因其複雜多樣的創作技術和所承載的厚重內涵而有別於通俗音樂和民間音樂。

狹義的古典音樂專指德、奧兩國在西元一七五〇至一八三〇年間以海頓、莫札特、貝多芬為代表的音樂，即所謂的「維也納古典樂派」音樂。這個狹義的古典音樂概念可以向前追溯到巴哈、韓德爾，乃至更早期的天主教、基督教的宗教音樂，向後延伸到浪漫主義、民族樂派，以及二十世紀西方的現代音樂。這些都是廣義的古典音樂，無論是繼承和發揚這個傳統，還是試圖以創新來突破這個傳統的音樂架構，都可以歸入古典音樂之內。而在這個傳統外獨立發展的音樂，雖然有借鑒和影響古典音樂創作的，但是一般也不歸入古典音樂之內，比如爵士樂、搖滾樂，以及東方一些民族的音樂。

在地理上位置，古典音樂主要創作於歐洲和美洲，這是相對於非西方音樂而言的。另外，西洋古典音樂主要以樂譜記錄和傳播，和大多數民間音樂口傳心授的模式不同。一般來說，古典音樂是具有規則性本質的音樂，具有平衡、明晰的特點，注重形式美感，被認為具有持久的價值，而不僅僅是在一個特定的時代流行。這也展現了「古典」與「經典」的不同。

何謂「沙龍」

現在的「沙龍」一詞，源於義大利語，意思為較大的客廳，原指是裝點有美術品的屋子。十七世紀時傳入法國，最初為羅浮宮畫廊的名稱，後來引申為貴婦人在客廳接待名流或學者的聚會。在十七、十八世紀時的法國，作為社交場所的沙龍具有很大的影響。當時圖書不像現在這樣普及，各種宣傳工具也不發達，一些文人學士往往在沙龍裡朗誦自己的新作，在沙龍裡傳播資訊、製造輿論，從高談闊論中吸取富於智慧的語言、洞察人們的良知，自然也是一個極好的機會。

第一個舉辦文學沙龍的是德．朗布依埃侯爵夫人（西元一五八八至一六五五年）。她出身貴族，因厭倦繁瑣粗鄙的宮廷交際，而又不願意遠離社交，於是在家中舉辦聚會。她的沙龍從一六一〇年起開始接待賓客，很快就聲名大噪。在她的沙龍裡，成員彬彬有禮，使用典雅優美的語言，並擁有無所不談的話題，學術、政治、時尚甚至是流言蜚語。這類沙龍通常由出身貴族的女性主持，她們才貌雙全，機智優雅，被稱為「女才子」。

法國最有名的沙龍要屬巴黎的雷諾堡，這裡集中了當時法國的許多名流、學者。十八世紀以後，沙龍談論的話題更為廣泛，不僅有文學藝術、政治科學，有時也會出現激進的思想言論，稱為革命的溫床。法國大革命期間，沙龍活動被禁止，之後儘管有所復甦，但也只是曇花一現，隨後逐漸演變為展覽。

正宗的「沙龍」有幾個特點，沙龍為定期舉行，時間通常都在晚上，因為燈光常能創造出一種朦朧的、浪漫主義的美感，激起會面者的情趣和靈感；人數不多，是個小圈子，自願成群結伴，三三兩兩，自由談論，各抒己見。

何謂普立茲獎

普立茲獎也稱為普立茲新聞獎，是一九一七年根據美國報社業總龍頭約瑟夫．普立茲的遺願所設立的獎項，用以獎勵新聞界、文學界、音樂界的卓越人士，該獎自一九一七年以來每年頒發一次。一九七〇至一九八〇年代，普立茲獎已經發展成為美國新聞界的最高榮譽獎。幾十年來，普立茲獎象徵了美國極負責任的寫作和最優美的文字。特別是新聞獎，更是美國報界的最高榮譽。每一個希望有所作為的美國記者，無不以獲得普利策新聞獎為奮鬥的目標。

現在普立茲獎分為兩類，分別是新聞獎和文學藝術獎。現設有十四項新聞獎和七項文藝獎，其中新聞獎主要有公共服務獎、報導獎、社論獎、漫畫獎、批評評論獎、通訊獎、特寫獎、新聞攝影獎等；文學藝術獎有小說獎、戲劇獎、詩歌獎、美國歷史作品獎、自傳或傳記獎和非小說作品獎；音樂作曲獎一項。另外，還頒發兩項特別獎。公共服務獎一般授予報社，獎品是一枚金質獎章。其他獎項的得主可獲得一萬美元獎金和證書。

新聞界的獲獎者沒有限制任何國籍，但是獲獎條目必須在美國週報（或日報）中發表的，創作界獲得者必須是美國公民。唯一例外的是歷史獎，只要是關於美國歷史的書都可獲獎，作者不必是美國人。

評選始於每年年初，知名記者、編輯、新聞教育家和自由撰稿人組成的評委會認真篩選來自全國各地的上千件作品，將提名名單送至普立茲獎委員會的祕密小組進行審議，最終小組委員會向全體委員提出獲獎名單，評選結果一般都是在四月份中旬的其中一天，由哥倫比亞大學校長宣布，五月份頒獎。

世界上最普及的運動

田徑是世界上最為普及的體育運動，也是歷史最為悠久的運動項目。田徑是徑賽、田賽和全能比賽的全稱，以高度和距離計算成績的跳躍、投擲項目叫「田賽」；以時間計算成績的競走和跑步的項目叫「徑賽」。田徑比賽由田賽、徑賽、公路路跑、競走和越野跑組成，此外還包括部分田賽和徑賽項目組成的「十項全能」。四十七枚金牌也讓田徑成為奧運會金牌最多的項目，正所謂「得田徑者得天下」。

在田徑比賽中，所有賽跑項目參賽者的名次取決於其身體軀幹（不包括頭、頸、臂、腿、手或足）抵達終點線沿垂直面為止時的順序。如果成績相同，應考慮一千分之一秒的實際成績；如果仍相同，則均進入下一輪。如果條件達不到，將抽籤決定。如果決賽第一名成績相同，裁判長有權決定是否重賽。若條件不允許，則並列第一；如果其它名次成績相同，按並列處理。

除全能項目外，每項比賽只允許出現一次起跑犯規，之後每次起跑犯規的運動員均將被取消資格。全能比賽中，如果一名運動員兩次起跑都犯規，將被取消比賽資格。

運動員在所有短跑、跨欄和四乘以一百公尺接力賽中，自始至終都不能換跑道。八百公尺和四乘以四百公尺接力賽在自己的跑道裡起跑，通過搶道標誌線以後可以切入內道。在一百公尺、兩百公尺和一百公尺跨欄、一百一十公尺跨欄比賽中，如果順風超過了兩公尺／秒，運動員創造的成績就不能成為新的紀錄。

競走比賽有兩個核心規則。首先，競走運動員必須保持至少有一隻腳步與地面接觸；其次，前腿從著地的一瞬間起直到垂直位置必須保持伸直，膝關節不能彎曲。如有違反將被出示紅牌，累計三張紅牌後將立即被取消參賽資格。

奧運會田賽項目的比賽通常先分兩組進行及格賽，通過及格標準的直接進入決賽，如達到及格標準的運動員人數不足十二人，不足的人數按及格賽成績遞補。決賽前三輪比賽結束後，前八名進行最後三輪比賽；第四、五輪比賽排序按前三輪成績的倒序排列，第六輪比賽排序則按前五輪成績的倒序排列，成績最好的最後上場。除了第一名以外的名次可以並列；如果第一名成績相同，必須讓成績相同的運動員繼續比賽，直到決出第一名為止。

在田賽項目中，通常有一名主裁判手中持有紅、白旗幟各一面，用來示意運動員試跳是否成功。舉紅旗表示試跳失敗，成績無效；舉白旗表示成功，成績有效。

田徑運動是比速度、比高度、比遠度和比耐力的體能項目，或要求在很短的時間內表現出最大的速度和力量，或要求在很長的時間內表現出最大的耐力，最能展現奧林匹克「更快、更高、更強」的宣言。

第五章　歷史軼聞

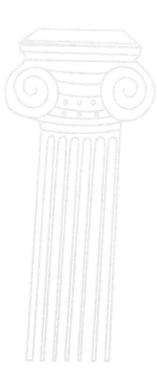

十二生肖的由來

作為一種古老的民俗文化事象，有關十二生肖的起源歷代學者眾說紛紜。有人認為，生肖與地支同源，可以追溯到史前的傳說時代。《史記》中所載黃帝「建造甲子以命歲」、「大撓作甲子」就反映了這類說法。學者們認為，這裡所說的甲子就是指十二生肖。而清代學者趙翼則認為，生肖最早源於中國北方的游牧民族，他在《陔餘叢考》中說：「蓋北俗初無所謂子丑寅之十二辰，但以鼠牛虎兔之類分紀歲時，浸尋流傳於中國，遂相沿不廢耳。」部分學者還認為，十二生肖是由古巴比倫時期傳入中國的，代表者有郭沫若。

以上觀點見仁見智，但大量的文獻資料證明，生肖的確起源於中國，是華夏先民動物崇拜、圖騰崇拜以及早期天文學的結晶。關於十二生肖的記載，現有文獻資料中，以《詩經》為最早。《詩經．小雅．吉日》裡有：「吉日庚午，即差我馬」八個字，意思是庚午吉日時辰好，是躍馬出獵的好日子，這是將午與馬相對應的例子。可見在春秋前後，地支與十二種動物的對應關係已經確立並流傳。

一九七五年，在湖北雲夢縣睡虎地十一號墓出土的竹簡《日書》中，所記的十二生肖大體近似於現在流行說法，進一步證明十二生肖在春秋前已存在。學者們認為，這是迄今為止在中國發現的關於十二生肖的最早而又較系統的記載。

到了南北朝時期，生肖已普遍使用了，南朝《南齊書．五行志》中已經有具體的按人的出生年分稱屬某種動物的記載。從這下文獻記載，人們可以明確生肖文化的源頭是在中國。

那麼生肖的由來究竟是怎樣的呢？古人為什麼選擇了這十二種動物呢？有部分學者認為，生肖起源於原始時代的動物崇拜，在原始社會生產力低下、認識自然能力極其有限的情況下，對於與自己生活息息相關的動物產生一種依賴感（如馬、羊、牛、雞、犬等），對危害自身安全的動物產生一種恐懼感（如虎、蛇），對一些超過人類的動物器官功能產生崇敬感（如狗的嗅覺等），從而產生對動物的崇拜。十二種生肖動物便是人們在動物崇拜的原始信仰影響下產生的用來紀年、紀月的獸曆。

腦補知識

十二生肖為何無貓

自古以來，人們對十二生肖為何無貓眾說紛紜。那麼，為什麼貓不能上榜呢？

其實，真正的原因是中國古時無貓。貓原產於埃及，何時傳入中國已無從考證了。民間傳說是唐三藏從印度帶回的，但貓傳入中國應該不會這麼晚。古時文人稱貓為「狸奴」，如李商隱：「鴛鴦瓦上狸奴睡」，所以，貓傳入中國應該是更早的事。

現在一說到為什麼十二屬相沒有貓，就用民間故事來解釋。其實在貓傳入中國以前，中國就有了十二生肖，所以十二生肖中沒有貓一點也不奇怪。依照動物學的分類，老虎屬於哺乳動物、食肉類、貓科。虎和貓，其實是「本家」之親。有了老虎代表，貓在十二生肖「大會」裡已不愁沒有「發言權」了。

從以上可以看出，生肖動物的選擇也並非隨意的，而是有一定的涵義，人們所選擇的動物都是出於不同的角度，並帶有一定意義。

龍的形象之由來

對於龍圖騰的來歷，有多種說法。首先一種說法是綜合取象和模糊集成，認為龍是中國古人對魚、鱷、蛇、豬、馬、牛等動物和雲、雷電、虹霓等動物組合與自然天象模糊集合而產生的一種神物。其次另一種說法是，龍是古人基於豐富而誇張的想像經過審美加工而成。

此外，還有說法，表示龍之九子和脅尊者。《博雅》曾記載：「有鱗的叫蛟龍、有翼的叫應龍、有角的叫虯龍、無角的叫螭龍。《述異記》曾提及：「蛟千年化龍，龍五百年化角龍，千年化應龍。」《瑞應記》也在內文提及，黃龍是神精，是四龍之長。這些記載和傳說都有對此說明，龍的種類繁多，不一而足；龍的層次也有不同，品有高下。所以有人認為，龍有「六大區系，九種原龍」。

根據古代的經文記載，龍是一種創造物，它有鹿一樣的角，駱駝的頭，野兔的眼睛以及巨蛇的頸。它的腹部看上去像一種類似鱷魚的虛構水龍。它的爪子像鷹，指間像老虎，而它的耳朵則類似一種水牛。龍有能力在瞬間從一種物體變成另一種型態；從胖到瘦，從高到矮；也可以飛上天或潛入海底。龍似乎是一種具有超能力的創造物，能變換成各種形式。

根據聞一多先生的考證，龍的原始形象其實是一條大蛇，而這大蛇也是遠古時代一個強大部落的圖騰，後來這個部落與其他部落合併，吸收了許多別的形形色色的圖騰部落，像馬、狗等，還有鹿的角，獸類的四腳，魚的鱗和須，鬣的尾……於是便成為我們現在所知道的龍了。

在中國，龍的標誌誕生於商、殷朝（西元前十六至前十一世紀，中國出現最早的象形文字期間），它被刻在動物的骨頭與海龜的外殼上。這些刻花描述了一種有角的爬蟲動物，牠有牙齒、鱗，有的也有爪子。上述符號通常指明龍被視為一種殘酷的、罪惡的、會給人帶來不幸的創造物。基於這些符號，中國科學家總結出這其實是一種短吻鱷。

在接下來數個世紀中，科學家提出過許多關於龍的解釋與推測。無疑，龍在最初的形象中，基本上可以斷定是一種爬行動物，可能是一種蛇、一種短吻鱷或是蜥蜴。隨著中國古人彼此間的聯繫越來越多，人們開始把圖騰描繪地更具有想像力。

經過很長一段時間，這種圖像就演化成了一種性質完全不同的龍或圖騰了。因此，龍是人們想像力的結晶，也是被人們崇拜了幾個世紀的神祕創造物。

關於中國神獸麒麟的真實性

麒麟，是中國古代傳說中的仁獸、瑞獸，相傳一生能活兩千年，能吐火，聲音如雷。而麒麟與鳳、龜、龍共稱為「四靈」，並居四靈之首位，稱為聖獸王。

麒麟作為吉祥物，經常被中國古代各朝採用。根據歷史記載，漢武帝在未央宮建有麒麟閣，圖繪功臣圖像，以表嘉獎和向天下昭示其愛才之心。明朝時，鄭和下西洋回國後，帶回非洲地區的長頸鹿，由於長頸鹿長相極像中國民間傳說的麒麟，再加上當時的中國人民對長頸鹿知之甚少，於是人們一致認定長頸鹿就是麒麟。另外麒麟在官員朝服上也多被採用，清朝時，一品官的補子徽飾為麒麟，地位僅次於龍。

麒麟是吉祥神獸，主太平、長壽。鹿本便是獸中馴良者，有力、善跑，大有益於人，傳說中的白鹿尤有神性。民間有麒麟送子之說。有學者推測，麒麟的作者可能是周民族的祖先，因為周人原居西北，那時的西北水草豐美，適宜鹿類的生長。到了奴隸社會與封建社會，龍、鳳被最高統治者所攫取，便失去了原來的圖騰意義，成為最高統治者帝王、後妃的象徵。性善的麒麟，漸漸影響到平民百姓的社會風氣，人們期望麒麟能帶來豐年、福祿、長壽與美好。

麒麟其實是按中國人的思維方式構思和產生。「麒麟」以「鹿」為偏旁，古人造這個詞的時候便是在告訴人們，麒麟是由鹿演化而來，但牠又不是鹿。從其外部形狀上看，牠的身子像麢，也可以寫成麇（古籍中指獐子）；有牛的尾巴，圓的頭頂，卻只有一隻角。麒麟與鳳凰一樣，有雌雄，麒乃雄，麟為雌，麇身、牛尾、魚鱗、足為偶蹄（但亦有麒麟有五趾之說）頭上有一角，角端有肉，黃色。這種造型是將許多實質存在的動物肢解後所產生的全新合併體，把那些備受人們珍愛的動物所具備的優點，全部集中在麒麟這一幻想神獸的建構上，充分展現了中國人的「集美」思想。

麒麟的形象現在仍然可以看得到。目前，中國現存最著名的麒麟形象是南京南朝帝陵的麒麟，南朝帝陵鎮守瑞獸有多種神獸，但都由麒麟形象演化而來。而在南京中山門外，有一雕像，乃名辟邪，此形象亦是南京的象徵，取材於南京城外南梁武帝陵。此雕像的紋飾華麗，身軀趨向於獅虎形象，用巨石雕琢而成，身高在三公尺左右，該雕像昂首挺胸，目眥盡裂，昂首作仰天長嘯狀，獸身紋飾極富裝飾味，其體感強且厚實，在重視整體感的基礎上，顯得壯美而有生氣。

何謂青銅

青銅，是紅銅加入錫或鉛的合金，因顏色青灰，故被稱為青銅。與紅銅相比，青銅的強度高且熔點低。用百分之二十五的錫煉製青銅，其熔點就會降低到八百度。純銅（紅銅）的熔點為一千零八十三度。青銅鑄造性良好，耐磨且化學性質穩定。有許多稱「青銅」但不含錫的銅合金，如鋁青銅、鈹青銅、錳青銅、矽青銅。在銅合金的分類中，除黃銅和白銅（銅鎳合金）以外都稱為青銅。

青銅是人類歷史上一項偉大的發明，也是金屬煉製史上最早的合金。早在西元前三千年，青銅就已經被製造出來了，但用作一般應用的人工製品要晚得多。荷馬在《伊利亞特》史詩中提到，希臘神話裡的火神赫菲斯托斯把銅、錫、銀、金投入熔爐，煉成阿基里斯所用的盾牌。

何謂青銅

銅和錫的比例變化範圍很大，中世紀已經知道不同的比例可以產生不同的效用。威尼斯的聖馬可圖書館收藏，有一本十一世紀希臘手抄本中，其中列舉了一磅銅與兩盎司錫的合金，即八比一的比例，這與後來使用的砲金相近。

青銅較銅堅硬，熔點較低，容易熔化和鑄造；青銅也較純鐵堅硬，不同合金成分的青銅適於製造砲管和機器軸承。在工具和武器中，歷史上以鐵代替青銅，並不是鐵本身有任何特殊優點，而是由於鐵較銅和錫豐富。鐘青銅的特性是受敲擊時能發出洪亮的聲音，其含錫量較高，為四分之一到七分之一。雕塑用的青銅含錫量低到十分之一，有時還加入鋅和鉛的混合物。因為鋅能提高硬度，軸承合金中通常含少量的鋅。

青銅中加入少量的磷能改善其性能和強度；磷青銅含磷量鑄錠可達百分之一到二，鑄件只含微量；它的強度高，特別適用於做泵的柱塞、閥接頭等等。在機械工業中也使用錳青銅，它含有少量錫或甚至不含錫，但含有大量鋅和錳。除用作工具和武器外，青銅也廣泛用於製作錢幣；很多銅幣實際上是用青銅鑄造的，其典型成分是百分之四的錫和百分之一的鋅。

腦補知識

后母戊鼎

后母戊鼎是中國商代後期（約西元前十六至前十一世紀）王室祭祀用的青銅方鼎，一九三九年三月十九日在河南省安陽市武官村一片農地中出土，因其鼎內部鑄有「司母戊」三字而得名，是商朝青銅器的代表作，現藏於中國國家博物館。

后母戊鼎器型高大厚重，外表氣場雄偉，氣勢宏大，紋勢華麗，工藝高超，又稱司母戊大方鼎，高一百三十三公分、長一百一十公分、寬七十八公分、重約八千三百二十克，鼎腹長方形，上豎兩隻直耳（發現時僅剩一耳，另一耳是後來據另一耳複製補上），下有四根圓柱形鼎足，是目前世界上發現的最大的青銅器。該鼎是商王武丁的兒子為祭祀母親而鑄造的。

鐵觀音茶名的由來

鐵觀音原產於福建安溪縣西坪，此地為亞熱帶季風氣候，這裡的民諺說：「四季有花常見雨，嚴冬無雪有雷聲」，地理位置可謂得天獨厚。安溪西坪群山環抱，土質

鐵觀音茶名的由來

大都是紅壤，呈弱酸性，非常適合茶的生長，又可謂得地之靈氣。安溪鐵觀音條索碩大、捲曲緊結，茶湯色金黃明亮，香氣馥郁、清香悠長，品之滋味濃郁、醇厚甘鮮，入口留餘香，回味甘甜帶蜜味，有「七泡有餘香」之譽。

鐵觀音這個茶名是從「茶形美似觀音，茶體重如鐵」中得來。但這種解釋未免牽強，茶與觀音菩薩如何媲美？關於鐵觀音茶名的由來，有兩個傳說。

一種傳說是，古時有一位誠心敬奉觀世音菩薩的人，他每天清晨必在觀音菩薩像前敬奉一盞清茶。有一次他在敬茶時，觀音菩薩顯靈，指點他某處山岩有一株神茶，可以採摘。於是他一路跋涉，攀登到山岩上，果然找到了這株神茶。只見茶樹的葉片閃爍著鐵色幽光，於是他小心翼翼地將這株茶移植家中，精心維護，插枝繁衍。這就是鐵觀音茶樹之祖。

另一種傳說是，清乾隆年間，安溪西坪的一位茶農能夠製得一手好茶，他每日都在清晨與黃昏時期，泡茶三杯供奉觀音菩薩，十年從不間斷，可見禮佛之誠。一夜，該茶農夢見在山崖上有一株散發著蘭花香味的茶樹，正想採摘時，一陣狗吠使茶農從夢中驚醒。第二天，他果然在崖石上發現了一株與夢中一模一樣的茶樹。於是採下一些芽葉，帶回家中，精心製作。製成之後茶味甘醇鮮爽，精神為之一振。

茶農認為這是茶葉之王，就把這株茶挖回家進行繁殖。幾年之後，茶樹枝葉茂盛。因為此茶美如觀音重如鐵，又是觀音託夢所獲，就叫它「鐵觀音」。

還有一些傳說與以上兩種傳說類似。這些傳說的共同點是，茶樹都與觀音菩薩有關，故而茶名之中有「觀音」二字。而之所以冠以「鐵」字，又有兩種解釋：一是由於茶樹葉片在太陽下閃爍著「鐵色」之光；另一種說法是茶經過發酵後，「茶色如鐵」。常飲鐵觀音茶，可袪病保健，養生長壽，猶如觀音菩薩保佑一般。加之鐵觀音茶葉色有獨特的茶湯色，所以稱之為「鐵觀音」。

其實為何起名叫鐵觀音，是可考據的。清代初期，安溪茶並不出名，流行的是武夷山出產的「鐵羅漢」，安溪地區是學習了武夷岩茶後發展起來的。安溪地區為攻占市場，便給自家的茶葉取了更響亮的名字，就是「鐵觀音」。

古代房門上的鐵環用途

中國古代房門上的鐵環又叫門環，是用來開關大門和叩門用的，是一種實用物件。古代統治階級對百姓門環有很明確的等級規定，明史記載：「親王府四城正門以丹漆金釘銅環；公王府大門綠油銅環；百官第中公侯門用金漆獸面錫環；一二品官門綠油獸面錫環；三至五品官門黑油錫環；六至九品官門黑油鐵環……」

門環的下面具有裝飾性的底座稱作「鋪首」。古代的鋪首造型有佛手、朱雀、雙鳳、羊頭、狗頭、虎頭、獅頭等，猛獸怒目，露齒銜環。人們的意思是把威嚴放在大門上，同時還借它來表達對美好生活的祈盼，對未來的美好願望。這樣便以各種吉祥的圖案賦予了門環一定的思想內涵。除此之外，它還有裝飾、審美的價值。一副設計精美、工藝精湛、圖案奇特的門環，可以給宅院增色，給人美感上的愉悅。根據其用料的不同、製作的粗細、圖飾的差異還可以反映出主人的身分和社會地位。

門環的起源可以追溯到春秋時期，到明清時期，許多商人在家鄉擴院修宅。雖然當時封建統治者有嚴格的門飾等級，但老百姓還是千方百計地改變門飾的形式和圖案來表達各種期盼和寓意。例如「太陽」門環，是普通百姓使用最多、最廣泛的一種，因為太陽給人類光明，是吉祥的化身。將太陽作為門環圖飾，意味著家庭開門吉祥，年年月月日日吉祥。花瓶門環的寓意也十分深刻，「開門就發」花瓶的諧音是「發」「盆」。發是發財、發家；盆，是聚斂之器，取其聚財、斂財之意，金銀財寶回來了，需要收藏、管理好財產。獸王門環，是帝王之家專用的門環圖飾，獸王即獸中之統率、之主宰；帝王是人的統率、人的主宰。因此，此類門環，只有帝王家獨用，普通百姓家是不能使用的。

元寶命名的由來

元寶有兩種含義，一指中國古代的一種錢幣，鑄造較多的屬唐、宋兩代。「元寶」二字前常冠以年號、朝代等，鑄於幣面。唐初開元通寶行世時，民間取其碩大、貴重之意，讀為「開通元寶」。後世逐漸稱錢幣為元寶。

最早使用元寶名稱的是唐肅宗乾元六年（西元七五八年），是一位名叫史思明的粟特人在洛陽鑄行的「得一元寶」和「順天元寶」。後有唐代宗時的「大曆元寶」。唐代以後，歷代所鑄錢幣不稱通寶，均稱元寶。

二指中國舊時鑄成馬蹄形的金銀錠。在中國貨幣史上，正式把金銀錠稱為「元寶」始於元代。而元代稱金銀錠為「元寶」，則是元朝之寶的意思。黃金叫做金元寶，銀錠叫做銀元寶，銀元寶又稱「寶銀」、「馬蹄銀」，每枚重約五十兩，多由各地銀爐鑄造，元寶上鑄有銀匠姓名及鑄造日期、地點。從成色上分，有足銀、二四寶、二五寶、二六寶、二七寶等。金元寶一般用於保藏，很少流通。元寶既有政治含義，也是對金銀貨幣約定俗成的通稱。

元十三年（一二七六年），元朝大軍滅南宋後，回到揚州，丞相顏伯以將士掠奪無度，下令搜檢部隊行李，將所得撒花銀子統統銷鑄作錠，歸朝獻納。經辦此事的銷錢官依金代銀鋌成例，製成每重五十兩的銀錠，取名「揚州元寶」，呈給世祖忽必烈。當時所鑄元寶形呈馬鞍，兩端圓弧，中間束腰，在形制上與南宋和金的銀錠十分相近。「揚州元寶」在後世多有出土，一般長約十四點五公分，厚三公分。背部鐫有「元寶」的大字。

泰山被稱為「五嶽之首」的由來

泰山以五嶽獨尊名揚天下，為中國十大名山之首。泰山海拔一千五百三十二公尺，在中國的群山中並不高，五嶽中比西嶽華山低近一千公尺。而泰山的地位之所以如此崇高，是其地理和歷史兩方面原因促成的。

從地理上看，泰山為黃河下游地區第一高山，山南的大汶口文化和山北的龍山

第五章　歷史軼聞

文化充分說明泰山地區是古代文明的發揚地之一。黃河流域經常發生大水，先人藉泰山以躲避水災，在他們心裡，泰山是他們生命、種族、生活的地理寄託，由此形成了先人依靠泰山的心理，泰山的保佑使古人產生敬畏，漸漸被神話化。

其次，古人由於對自然界的認識甚少，認為一切都是天地日月所賜，從而產生神祕崇拜。泰山居住地為太昊少昊部落，其「昊」字既是天上有日的含義，太昊少昊也被尊為太陽神。為了讓天更清楚的知道他們的敬仰和祈禱，高山是最佳的選擇。由於當時的人活動範圍有限，在他們的活動區域中，泰山是最高的山，「泰」、「岱」在古字中相通，都是「大」的意思，泰山就是大山。所以，泰山是與天日最接近的，大汶口出土的日火山形象就十分形象地表現了當時的古人心理，泰山的這種功能更加使泰山得以神話。

從歷史上看，由於先人活動範圍和泰山處於這個區域的第一高度，出現祭天崇拜。這種崇拜並沒有隨生產力和知識的進步消失，反而因為中國古代帝王為加強自己的統治，不約而同地宣傳「神權天授」的理論。為了使這種理論得以證明，便有了封禪泰山的活動，使泰山祭天的作用得以延續。封建統治者的這種行為讓泰山在人們心中的神山地位進一步強化，隨後成為每代帝王一生必須的大事之一。

早在夏、商時代，就有七十二個君王來泰山會諸侯、定大位元，刻石記號。秦始皇統一中國封禪泰山後，漢代武帝、光武帝，唐代高宗、玄宗，宋代真宗，清代康熙、乾隆等，也都相繼仿效來泰山舉行封禪大典，所到之處，建廟塑像，刻石題字，為泰山留下了大量的文物古跡。

歷代著名的文人學士，也都慕名相繼來此，讚頌泰山的詩詞、歌賦多達一千餘首。杜甫的〈望嶽〉：「會當淩絕頂，一覽眾山小。」已成為流傳千古的名詩。雖然到宋朝之後不再進行封禪，但崇拜活動卻進一步擴大，黎民百姓無不知神山泰山。

腦補知識

岳父為何又稱「泰山」

在中國古代，都喜歡把岳父稱作「泰山」。這是為什麼呢？

據《酉陽雜俎》記載，唐玄宗來到泰山封禪時，當時張說被任命為封禪使，來做些準備工作，以迎聖上駕到。泰山封禪，是在山頂築土為壇以祭天，報天之功；山下辟場以祀地，報地之績。張說奉旨前往，然而他自己卻另有打算，認為封禪動用黃金萬兩，無拘無束，吃喝玩樂，大有油水可撈；再說事後還可以因功受賞，便乘機把女婿鄭鎰也拉上一齊赴岱。

唐玄宗到泰山封禪，舉行了轟轟烈烈的封禪儀式。事後按照舊例，隨皇帝參加封禪後，除太尉、司徒、司空三公以外，凡隨行官員都晉升一級，並大赦天下，以示皇恩。鄭鎰本是九品小吏，張說利用職權將其提升了四級，成了五品官。當時八、九品官穿淺青色或青色官服，而五品官穿淺緋色官服。唐玄宗在宴會上看到鄭鎰的官服突然換為淺緋色，覺得奇怪，就過去問他。鄭鎰支支吾吾不好回答。而這時，有個叫黃幡綽的人在唐玄宗旁邊一語雙關地為他開脫說：「此乃泰山之力也。」

唐玄宗聽完後心照不宣，此事也被兩人蒙混過去了，後人因此便稱妻子的父親為「泰山」。因為泰山是「五嶽之長」，又轉將妻子的父親稱作「岳父」、「岳翁」或者是「岳文」，連帶著稱妻子的母親為「岳母」或「泰水」。

山東被稱為「齊魯」的由來

「齊魯」一名，來源於先秦的齊、魯兩個國家。戰國末年，隨著民族融合和人文同化的基本完成，齊、魯兩國文化也逐漸融合為一體。由於文化的一體化，「齊魯」

形成一個統一的文化圈，由統一的文化圈形成了「齊魯」的地域概念。這一地域與後來的山東省區範圍大體相當，故成為山東的代稱。

「齊魯」和「山東」都是歷史上形成的地理名詞，今天看來，二者所指地理範圍完全一致，可以通用。但在歷史上，二者是有很大區別的。「山東」一名，在歷史上所指地域範圍變化很大。山東作為地理名稱始於兩千多年前的戰國時期（西元前四七五至前二二一年），當時泛指淆山或華山以東的地區。而山東作為政區名稱，始於金代（西元一一一五至一二三四年）。元朝（西元一二〇六至一三六八年）置山東道，明朝（西元一三六八至一六四四年）設山東政司，形成與今天山東省大體相同的版圖，大部分縣名沿用至今。

到了清代（西元一六一六至一九一一年），山東才正式被設為山東省。從此之後，山東的地域範圍或有變化，但名稱不變，範圍出入也不大，與古齊魯範圍基本一致。所以，現在經常以「齊魯大地」稱山東。

金閣寺千手觀音的由來

觀音菩薩雖然在佛國中並非首腦，卻是善男信女最崇拜的對象，因為其「大慈大悲，救苦救難」的宗旨讓許多虔誠的信徒能夠因此感到慰藉。

一個著名的法師解釋「觀世音」這三個字為「非眼觀之觀，乃智觀之觀，世音即所觀之境」。意思是說，觀音是洞察世間一切的覺者。

在唐朝，因同唐太宗李世民的名字相諱，所以簡稱觀音。據說凡遇難眾生只要誦念他的名號，「薩即時觀其聲音」前往拯救解脫，並能消災得福。按佛經上記載，觀音本是古代印度一個國家的太子，後來當了和尚，成了菩薩，是阿彌陀佛的左脅侍，他同阿彌陀佛及其右脅侍大勢至，合稱為西方三聖。可見觀音菩薩本來是男性。中國唐代以前廟中的觀音雕像也是男性，後來才改為女性。

既然觀音是男的，怎麼又變成女的呢？這有以下幾種解釋。

首先，佛經上說觀世音菩薩在「普渡眾生」時能作三十二種變化，金閣寺塑的千手觀音是其變相之一，既然有三十二種變化，甚至可以變成「千手千眼」的人，那麼化身女性也不稀奇。這種看法在元代以前仍只在民間流傳，到了元代，連許多佛門弟子也公開承認觀世音是女性了。

觀世音菩薩變成女性的第二個原因，是因為在佛教諸佛、菩薩中還沒有一個是女性。如果有個女菩薩，可以彌補佛教的缺陷——男菩薩不便執行的任務，如送子之類，可以由女菩薩去執行。因此，自元代起，公開宣傳觀世音是女的。

第三，元代有一本《觀世音菩薩傳略》，書上說觀世音菩薩是中國東周妙莊王的第三個女兒。當她最初下定決心出家當尼姑時，妙莊王堅決不允，命令她以劍自刎。然而劍不僅沒有傷害她，反而斷為千節。莊王又命令將她悶死，使靈魂墮入地獄。但管理地獄的閻王爺使她復活於普陀山附近的一朵蓮花上。她在那裡生活數年，為人治病。後來妙莊王病了，她挖下自己的雙眼，砍下自己的雙手，製成藥給父親吃，使父親的病症痊癒。而妙莊王為了紀念自己的女兒，讓工匠雕刻一個「全手全眼觀音像」，但工匠聽錯了，雕刻了一個「千手千眼觀音像」。這就是「千手千眼觀音像」的來歷。

據《千手經》，觀世音除雙眼雙手以外，左右各具二十手，手中各有一眼，成四十手、四十眼，每一手中又各有二十五手和二十五眼，故而成了千手千眼。其含意是：「渡一切眾生，毫無阻擋。」相傳，道場設在浙江省的普陀山，生日是二月十九日，成道日（即出家之日）是六月十九日，涅磐日（即得道升天之日）是九月十九日，佛教徒會屆時舉行紀念活動。

何謂唐裝

「唐裝」一詞的出現，始於二〇〇一年在上海召開的亞太經濟合作會議。按照亞太經濟合作會議的慣例，亞太地區的國家元首和政府首腦，都要穿上會議主辦國的「國服」。在二〇〇一年上海的亞太經濟合作會議上，東道主中國及各國政要都穿上了紅、藍、綠等顏色的「唐裝」，一時間引起中國人的轟動和自豪，民間也大肆效仿「穿唐裝」。

「唐裝」一詞，透過媒體傳播到全世界，後來在中國的主流媒體上還刊發了歌頌「唐裝」的詩歌：「可惜李杜不在，又將即興賦詩……」顯然，「唐裝」被理解為「唐朝的服裝」、「唐朝人的服裝」或「唐朝式樣的服裝」了。

其實，「唐裝」原本只有海外華人偶爾會裝扮，它是按照中國民間的對襟上衣的形式製作的。這種衣服是在滿族的旗裝基礎上，加上了漢族服裝的部分元素融合而成的，與唐朝的漢服完全沒有任何關係。後來經過演變，流傳到現在民間仍然在穿的一種上衣式樣，有時就被稱為「中式」服裝。因為外國人把中國人叫「唐人」，所以這種衣服就被命名為「唐裝」了。例如世界各地的「唐人街」，就沒有「唐朝人的街道」的意思，而是「中國人的街道（或聚集區）」。現在滿、漢兩族有強烈民族情結的人，都不承認唐裝是自己民族衣服。

清朝官帽上的花翎

花翎是清代官員的冠飾，即是插於官帽後部的一根羽毛。花翎區分為孔雀翎和藍翎兩種，孔雀翎即孔雀尾部的羽毛，分為三眼、雙眼和單眼三種，以翎眼多者為貴。所謂「眼」，指的是孔雀翎上眼狀的圓，一個圓圈就算做一眼。藍翎是與花翎性質相同的一種冠飾，又稱為「染藍翎」，以染成藍色的鶡鳥羽毛所作，無眼，只有一種。鶡鳥生性好勇鬥狠，至死不卻，武士冠上插鶡翎，能夠顯示武士的英勇。

在等級森嚴的滿清王朝，花翎是「辨等威，昭品秩」的標誌，非一般官員能佩戴。清初規定，一是皇室成員，凡爵位低於貝勒以下者，在通過騎馬、射箭兩項考核後，可佩戴雙眼花翎；二是在皇宮內服役的、五品以上並隸屬於「上三旗」（由皇帝親自掌控的正黃，鑲黃、正白三旗）的官員，方可佩戴單眼花翎，此外還有蒙古王公們可以佩飾。由此可見，花翎在當時是地位高貴的象徵，特別受到權貴們的重視和嚮往，普通官員是不能佩戴的。

花翎如此高貴，所以在清朝特別被人重視。康熙年間，收復臺灣的第一功臣施琅（福建水師提督），因戰功顯赫，被康熙帝賜爵「世襲罔替」之「靖海侯」。但他力辭侯位，寧願用侯爵爵位來換取一根花翎的佩戴權。可見，這根花翎在當時是多麼受人尊崇，並從此開創了賜花翎予戰功卓著之武職人員的先河，成了大清王朝的「軍功章」。後來乾隆帝下明詔，不但上述親貴大臣可以戴用，如有顯赫軍功者也可以戴用。

清廷賜予臣子（外姓大臣）花翎是非常慎重的。在整個清王朝的兩百六十七年中，賜雙眼花翎者約二十餘人，這在當時是千古猶榮的恩寵，令人豔羨不已。

藍翎的作用與花翎相仿，只是被賞賜人員的地位較低，通常由在皇宮內服役的、六品以下的侍衛官員及建立功勳的、地位較低的基層軍官們佩戴。

和尚頭上的圓點

凡是出家當和尚或尼姑的人都要剃光頭髮，這在佛教中叫做剃度。佛門除了剃度儀式外，還有「清心」儀式。即入寺後，經過一段時間的學習，成績優秀者，老和尚會用線香為他們點上僧侶生涯的第一顆戒疤，稱之為「清心」。和尚的戒疤就好像一種身分地位的象徵，是等級的表示。

在接下來的一兩年內，如果表現良好，就會有資格得到第二個戒疤，名為「樂福」。一般而言，如果順利的話，廟裡一些年長的老和尚大多可以擁有五六個戒疤；而像少林寺等重要寺廟的住持，則有八或九個戒疤的「高級和尚」或是「特級和尚」。而第十個戒疤卻不是一般和尚所能擁有的，除了達摩祖師、六祖禪師以外，在中國有十個戒疤的「首席和尚」不超過五個。

其實，佛教是不盛傳燃戒疤的。除了漢地的僧尼以外，世界各國和中國少數民族和尚是看不到戒疤的；即使是中國漢族出家人，凡是在宋朝以前受戒的，頭頂上也不會出現戒疤。佛教在中國兩千年了，在這兩千年中只有元代以後的一段時間有燃戒疤的作法。元代初年，有一位志德和尚（西元一二三五至一三二二年）曾受到元朝皇帝世祖忽必烈的尊重。他在天禧寺主持傳戒時，規定受戒者每人燃香於頭項，受沙彌戒的燃三柱香，受比丘戒的燃十二柱香，作為終身之誓，以顯示虔誠信佛的決心。這就是中國漢地僧人受戒時燃戒疤的由來。

這一形式一直延續到了一九八三年。一九八三年十二月，中國佛教協會理事擴大會議做出了《關於漢族佛教寺廟剃度傳戒問題的決議》。該決議中說道：「受戒時在受戒人頭頂燃戒疤的做法『並非佛教原有的儀制，因有損身體健康，今後一律廢止』。」從此以後，新如法受戒的漢族僧人，頭頂上再也不該有戒疤了。

何謂菩提樹

菩提樹，又名思維樹，屬桑科常綠喬木。一般樹高十五公尺，直徑兩公尺。樹皮黃白色，樹幹表面並不平整。樹枝有氣生根，下垂如鬚，側枝多數向四周擴展，樹冠圓形或倒卵形，枝葉扶疏，濃蔭覆地。葉互生，三角狀卵形；呈現深綠色，有光澤，不沾灰塵，被看作聖樹的象徵。葉形美觀，常用作詩畫題材。花生於葉腋，不見真面目，稱隱頭花序。隱花果，扁平圓形，冬季成熟，紫黑色。菩提樹樹幹富有乳漿，可提取硬性橡膠；花可入藥，有流汗解熱之功。它適於寺院、街道、公園來當作行道樹。

「菩提」一詞為古印度語（即梵文）的音譯，意思是覺悟、智慧，用以指人忽如頓醒、豁然開悟、突入徹悟途徑、頓悟真理，達到超凡脫俗的境界等。據傳說，兩千五百多年前，佛祖釋迦牟尼原是古印度北部的迦毗羅衛王國（今尼泊爾境內）的王子喬達摩．悉達多，他年輕時為擺脫生老病死輪迴之苦，解救受苦受難的眾生，毅然放棄繼承王位和舒適的王族生活，出家修行，尋求人生的真諦。經過多年的修煉，終於有一次在菩提樹下靜坐了七天七夜，戰勝了各種邪惡誘惑，在天將拂曉、啟明星升起時獲得大徹大悟，終成佛陀。所以，後來佛教一直都視菩提樹為聖樹，印度則定之為國樹。

據考證，中國原來並沒有菩提樹，它最初是隨著佛教的傳入而被引進的。據史籍記載，梁武帝天監元年（西元五〇二年），僧人智藥三藏大師從西竺國（印度）帶回菩提樹，並親手種植於廣州王園寺（後來該寺改名為光孝寺）。也就是從那以後，中國才開始有了菩提樹，並在南方各省區寺廟中廣為傳播。

腦補知識

菩提樹的實用價值

菩提樹不僅身世豐富，且實際用途十分廣泛。它的樹幹粗壯雄偉，且樹冠亭亭如蓋，既可做行道樹，又可供觀賞；葉片心型，前端細長似尾，在植物學上被稱作「滴水葉尖」，非常漂亮，如將其長期浸於寒泉，洗去葉肉，則可得到清晰透明、薄如輕紗的網狀葉脈，名曰「菩提紗」，製成書簽，可防蟲蛀；枝杆富含白色乳汁，取出後可制硬性樹膠；用樹皮汁液漱口可治牙痛；花入藥有發汗解熱、鎮痛之效；枝幹上會長出氣生根，形成「獨樹成林」的景觀；在印度、斯里蘭卡、緬甸的某些地方，人們會將其氣根砍下來，作為大象的飼料。

媽祖的人物歷史

媽祖，又稱天妃、天后、天上聖母、娘媽，是歷代船工、海員、旅客、商人和漁民共同信奉的神祇。古代人在海上航行經常受到風浪的襲擊而船沉人亡，船員的安全成航海者的主要問題，他們把希望寄託於神靈的保佑。在船舶啟航前要先祭媽祖，祈求順風和安全，在船舶上還立媽祖神位供奉。

相傳媽祖的真名為林默，小名默娘，故又稱林默娘，誕生於宋建隆元年（九六〇年）農曆三月二十三日。宋太宗雍熙四年（九八七年）九月九日逝世。媽祖是福建莆田望族九牧林氏後裔，祖父是林孚，官居福建總管；父林願，宋初官任都巡檢。在她出生之前，父母已生過五個女兒，十分盼望再生一個兒子，因而朝夕焚香祝天，祈求早賜麟兒，可是這一胎又是一個女嬰，父母大失所望。就在這個女嬰將要出生前的那個傍晚，鄰里鄉親看見流星化為一道紅光從西北天空射來，耀眼奪目。所以，父母感到這個女嬰必非等閒之女，也就特別疼愛。因為她出生至滿月間都不啼哭，便給她取名林默，父母又稱她為林默娘、默娘。

林默娘幼年時就比其他姐妹聰明穎悟，八歲從塾師啟蒙讀書，不但能過目成誦，而且能理解文字的意義。長大後，她決心終生以行善濟人為事，終身不嫁，父母順從她的意願。林默娘從此專心致志地做慈善公益的事業，平素精研醫理，為人治病，教人防疫消災，人們都十分感恩她。林默娘性情和順，熱心助人。只要能為鄉親排難解紛，她都樂意去做，還經常引導人們避凶趨吉。人們遇到困難，也都願意跟她商量，請她幫助。

生長在大海之濱的林默娘，還洞悉天文氣象，熟習水性。湄洲島與大陸之間的海峽有不少礁石，在這海域裡遇難的漁舟、商船，常得到林默的救助，因而人們傳說她能「乘席渡海」。她還會預測天氣變化，事前告知船戶可否出航，所以又傳說她能「預知休咎事」，稱她為「神女」、「龍女」。

宋太宗雍熙四年九月九日，是年僅二十八歲的林默娘與世長辭之日。這一天，湄洲島上群眾紛紛傳說，他們看見湄峰山上有朵彩雲冉冉升起，又恍惚聽見空中有一陣陣悅耳的音樂……

從此以後，航海的人時常聽說，常見林默娘身著紅裝飛於海上，救助遇難呼救的人。因此，海船上就逐漸地普遍供奉媽祖神像，以祈求航行平安順利。

媽祖一生在大海中救急扶危，在驚濤駭浪中拯救過許多漁舟商船；身為人類時立志不嫁，慈悲為懷，專以行善濟世為已任。媽祖逝世時鄉人感其生前治病救人的恩惠，於同年在湄洲島上建廟祀之，這就是名聞遐邇的湄洲媽祖廟。

媽祖的影響力由湄州島傳播開來，歷經千百年，對於華人沿海文化產生重大的影響，被學者們稱為媽祖文化。

埃及人製作木乃伊的原因

在尼羅河，每年都會出現有規律的氾濫與消退，植物與之相應地或茂盛或枯萎，太陽每日升起和落下，這些自然現象的周而復始給古埃及人這樣一種觀念：「世界是循環往返的，自然萬物是可以生死輪迴的，人也應當如此。」為了準備來世的復活，就必須好好保存屍體。因此，當時的人們在埋葬死者時就進行了精心的準備。

進入法老時代，由於社會的貧富差距日益擴大，等級制度逐漸森嚴，人們對美好來世的嚮往就更加迫切，進而產生了對死者屍體的崇拜。正是這種來世永生的信仰，使古埃及人在木乃伊製作與埋葬方式上一直十分費心，甚至可以說到了絞盡腦汁的地步。

同時，古埃及獨特的自然環境也助長了古埃及人對於來世的希望。在最出色的木乃伊中，部分木乃伊是沒有經過精心處理卻意外保留下來的。這種自然形成的木乃伊通常可在氣候極為乾燥的沙漠或嚴寒地帶發現，因為這裡的氣候能防止屍體腐爛。眾所周知，腐爛是由細菌引起的，細菌是在水中繁殖的；而人體內的百分之七十又是由水分組成的，也就是說人體為細菌的繁殖提供了場所，所以屍體很容易腐爛。而炎熱的沙漠地帶能使屍體迅速脫水，從而保留下來。至於嚴寒地帶則由於氣溫低，抑制了細菌生長繁殖。當然由於氣溫低，屍體水分的蒸發速度也會降低，不過由於細菌生長繁殖受到抑制，為屍體脫水贏得了時間，屍體的保存也就沒什麼問題了。

目前可考的，最早的木乃伊大約形成於西元前三千兩百年，這一時期還尚未有文字記載。因此，關於這些早期木乃伊的情況人們知之甚少。據推測，那時由於耕地十分匱乏，所以死去的人都被埋葬在尼羅河兩邊、沙漠邊緣一個簡單的墓穴中。這一簡單的墓穴只不過是沙漠中一個橢圓形的淺坑。人們把屍體倦曲著，頭向南，臉朝北，朝向太陽降落的地方放入坑中，然後再用沙土覆蓋。因為埃及人將屍體埋入沙中大約只有一公尺左右，一段時間後沙層隨風漂移，必然會使一些屍體暴露出來。這些屍體被滾燙的沙烤得乾透，就不會腐爛了，幾千年以前的屍體、皮膚、頭髮以及相貌都得以保存如初。這種木乃伊叫「沙地木乃伊」。

日本武士佩刀的原因

說到日本武士，就不能不說到武士道。武士道精神是一種行為習慣，與神道教的地位與價值一樣重要。換句話說，神道教是抽象的指導思想，武士道就是具體的行為指南。

神道教是日本的國教，是日軍的精神支柱，也是日本統治者控制軍隊的重要手段。神道教沒有基督教、伊斯蘭教、佛教那種仁慈、寬忍和犧牲自我的精神，更沒有中國道家「無為」的思想，而是充滿著入世、擴張、利己和好鬥的教義。

日本武士道融合了神道教、中國儒學、禪學和道家的數個理論，又注入了日本土著民族的野蠻殺戮意識，完全失去了儒學、佛學和道教中原有的忠孝仁愛信義和平內容，變成了一門指導殺人的「行為藝術」。武士道指導日本武士視殺人為「友誼」，如「介錯」的規矩，就是武士可以切下切腹者的頭顱為其超生；「斬捨御免」，就是武士如果認為自己受到侮辱，即可殺死對方，不受法律制裁。日本武士以「殺人」為職業，甚至有「刀不虛出」的規矩，指武士拔刀後必須有斬獲才能入鞘等等。所以，日本的武士道規定武士必須佩刀。

古代的日本也只有武士才能佩長刀，一般平民是無權使用的（但是可以佩帶）。武士的佩刀一長一短，長刀為太刀或打刀，短者為脅差。兩把刀使用上有分別，長刀是主武器，脅差是備用武器，是在長刀損壞時才使用的，平常不會使用。

現在，佩刀並非主要武器，對日軍而言恐怕其精神象徵意義遠大於實用上的價值。日本軍人佩刀是講究地位和家族聲望的，一般來說，只要是軍曹級軍官或以上都有佩刀，而且佐級軍官佩刀是天皇御賜的，象徵著榮譽勇武。而各級軍官的刀柄花紋又有不同，到將級好像是日本的國花櫻花飾紋，級別越高的軍官佩帶的軍刀越漂亮。軍刀最初的作用是象徵榮譽和近戰防身用，到二戰時已變成壓陣用的屠殺利器，軍官的指揮完全靠佩刀完成。可以說，刀在人在，刀亡人亡。這是日本軍隊不變的定律。

至於說剖腹用的刀，則是日本武士的傳統刀，最長三十公分，最初是當刺殺利刃用，後來才演變成專用的剖腹刀。日本武士道精神崇尚的是「失敗即是恥辱」。既然遭受恥辱，活下去只能遭人唾棄，所以一般日本軍人或武士門閥出身的都不能接受失敗的現實，只有剖腹自殺，那樣才有尊嚴和被人尊敬。

加拿大與楓葉的象徵性關係

加拿大的國旗是楓葉旗，呈橫長方形，長與寬之比為二比一。旗面中間為白色正方形，內有一片十一個角的紅色楓樹葉；兩側為兩個相等的紅色豎長方形。白色正方形代表加拿大遼闊的國土。加拿大國土面積很大，全年積雪期在一百天以上，因此用白色表示；兩個紅色豎長方形分別代表太平洋和大西洋，因加拿大西邊瀕臨太平洋、東臨大西洋；紅楓葉則代表居住在這片富饒土地上勤勞勇敢的加拿大人民。

因為楓樹是加拿大的國樹，因此楓葉也是加拿大民族的象徵。加拿大是楓葉之國，多倫多處處都可以看到楓葉旗飄揚。加拿大的東南部氣候溫涼，降水豐富，滿山遍野生長著楓林。秋天，火紅的楓葉為大地披上鮮豔的盛裝。加拿大人喜愛楓葉，在商品上、書刊上、用具上等等，到處都可以看到楓葉的圖案。楓樹也成了加拿大的國樹，從一九六四年十二月起，楓葉成了國旗上的主體圖案，人們把加拿大稱為「楓葉之國」。

維納斯斷臂的故事與想像

眾所周知，愛神維納斯的雕像是呈現斷臂狀。它是希臘米洛農民伊奧爾科斯一八二〇年春天挖掘時發現的，出土時的維納斯右臂下垂，手扶衣衿；左上臂伸過頭，握著一顆蘋果。

當時，法國駐米洛領事路易士·布勒斯特得知此事後，立即趕往伊奧爾科斯住處，表示要以高價收買此雕像，獲得了伊奧爾科斯的應允。但由於布勒斯手頭沒有足夠的現金，只好派人連夜趕往君士坦丁堡報告法國大使。大使聽完彙報後，立即命令祕書帶了一筆鉅款隨居維爾連夜前往米洛購買女神像，然而卻不知農民伊奧爾科斯此時已將神像賣給了一位希臘商人，而且已經裝船外運。祕書當即決定以武力爭奪。英國得知這一消息之後，也派艦艇趕來爭奪，雙方展開了一場激烈的戰鬥。在混戰當中，雕塑的雙臂不幸被砸斷，從此，維納斯就成了一個斷臂女神。

但對於究竟是一開始就沒有雙臂，還是雕像的手臂是後來才斷掉的，卻鮮為人知了。直到不久前，有人發現上世紀法國艦長杜蒙·居維爾的回憶錄，才解開了這個一百多年來的謎。它記述了布勒斯最初在伊奧爾科斯家看到的完整雕像，維納斯的右臂下垂，手扶衣衿，左手握著一顆蘋果，雙耳懸有耳環。然而，至今也無人能將這尊雕像復原了。

腦補知識

希臘神話中的維納斯

維納斯是愛神、美神，同時又是執掌生育與航海的女神，維納斯是她在羅馬神話中的名字。在希臘神話裡，她的名字是阿芙蘿黛蒂。

維納斯是從海裡升起來的。據說世界之初，統管大地的蓋婭女神與統管天上的烏拉諾斯結合生下了一批巨人。後來夫妻反目，蓋婭盛怒之下命小兒子克羅諾斯用鐮刀割傷其父。烏拉諾斯身上的血肉落入大海，激起泡沫，維納斯就這樣誕生了。希臘語中「阿芙蘿黛蒂」的意思就是泡沫。

據希臘神話描寫，維納斯出生即是成人。她沒有經歷過嬰兒之身，沒有經過非美的過程，生來就完美無缺。顯然，作者表現的正是這樣一個完美無缺的形象。可是，如果再細細品味一下維納斯的表情就會發現，她那木然、遲滯和略帶困惑的眼神仍流露著清純的稚氣，將成人身軀與幼童稚氣眼神融於維納斯一身的表現形式，既反映了作者對希臘、羅馬古典藝術境界的崇尚，又反映了他對「新柏拉圖主義」的熱衷。也正是由於這種「崇尚」和「熱衷」，使得他的作品不僅限於感官本身的審美誘惑，而是透過對美的沉思冥想使人的精神世界得到純化和超越，使人的靈魂得到昇華。實際上，這是當時被基督教會視為「異端」的古典的唯美主義與基督教禁欲主義的結合，是維納斯與聖母瑪利亞的結合，是精神美與肉體美的統一。

何謂美國的「山姆大叔」

「山姆大叔」這一稱號出現於一八一二年美英戰爭時期。紐約州的洛伊城有一位肉類包裝商，當地人都叫他「山姆大叔」。

一八一二年一月，紐約州長帶領一些人前往他的加工廠參觀，看到牛肉桶上都蓋有 E. A.-U. S. 的標記，便問是何意思。工人回答：「E. A.。」這是一個軍火承包商的名字，「U. S.」是美國的縮寫。湊巧的是，「山姆大叔」的縮寫也是「U. S.」，所以一個工人開玩笑地說，「U. S. 就是「山姆大叔」。

這件趣事傳開後，「山姆大叔」名聲大振，人們把那些軍糧都稱為「山姆大叔」送來的食物。美國人還把「山姆大叔」誠實可靠、吃苦耐勞以及愛國主義的精神視為自己民族的驕傲和共有的品質，從此這個綽號便不脛而走。

第一次世界大戰中還曾出現過「山姆大叔」號召美國青年當兵的宣傳畫，流傳很廣。「山姆大叔」常見的形象是高高的個子、瘦削的面龐，頭戴飾星高頂帽，身穿燕尾服和條紋褲。雖白髮蒼髯，卻精神抖擻，一派威儀。這一形象深受美國人民的喜愛。一九六一年，美國國會正式承認「山姆大叔」為美國的民族象徵。

印度婦女手上花紋的由來

在印度，即將出嫁的少女，在婚禮的前一天晚上都會由未來的婆婆點下第一筆手繪圖案，並由資深手繪師接著畫下最精美最複雜的圖案，整個過程至少需要七八個小時。

第二天，手腳畫滿圖案的新娘將前往夫家開始全新的生活。有些新娘在之後的日子裡，就以手繪為由躲過家事，等到十幾天後再回娘家探視時，母親如果看到女兒的手繪依然未褪便會如釋重負。

新娘手繪的圖案也有很多講究，許多花朵都代表了對新娘多子多福的祝福，比如孔雀和荷花是印度的國鳥和國花，象徵著美麗富貴；揚起鼻子的大象則代表家庭繁榮和好運，有時調皮的新娘女伴們還會把手繪變成一種遊戲，她們把新郎的名字隱藏在新娘的手繪圖案中，只有在這些圖案中找到自己的名字，新郎才可以開始甜蜜的新婚之夜。

這種獨特的化妝藝術，所用的原料是當地產的一種植物的紅色葉子，將其摘下來搗碎成汁，放入白糖在火上熬煮，熬成糊狀後放涼，就成了一種紅色染料。婦女們用細樹枝沾著這種染料，並塗抹在自己的手心、手背和十指上，精心畫出各種美麗的花紋和圖案，然後晾上幾個小時，待花紋乾後用清水洗一遍。據說這些美麗的圖案可保留較長的時間。

鬥牛使用紅色斗篷的原因

在鬥牛節目中，我們經常看到鬥牛士用紅色的斗篷鬥牛，因此有很多人認為是因為牛對紅色敏感，看到紅色的就會血脈賁張。也有許多電視和動漫節目都把牛刻意製造成對紅色敏感的性格。其實這是完全錯的。

牛其實是色盲，所以拿什麼顏色的布去挑逗，牛都沒感覺。真正的原因在於布。牛天生是一種好鬥的動物，任何動物的挑釁都會引起它的攻擊。所以，鬥牛時不停地晃動布，就會引發牛的鬥勁，牛就會向布頂去。

而做成紅色的原因是人對紅的比較敏感，看鬥牛頂紅色更容易讓人產生亢奮的感覺。紅色比較醒目，比賽時觀眾能夠看的更清楚。而且如果人受傷流血的話也和布本身的紅色混在一起，流血時較不醒目，也不容易引起反感。

十字架早期的用途

十字架是古代最早處以死刑的一種刑具，是一種殘忍的處決方式。特別流行於波斯帝國、大馬士革王國、猶大王國、以色列王國、迦太基和古羅馬等地，通常用以處死叛逆者、異教徒、奴隸和沒有公民權的人。在當時的社會，這種處分是一種忌諱。由於消耗的資源很大，因此一年通常只會處分數人。而且除非是極度重犯，否則並不會採用這種刑罰。

在西方文學中，一般用十字架比喻苦難。在現代，十字架只是基督教的信仰標記，不再是痛苦恥辱的象徵。基督教徒在胸前畫十字或佩帶十字架以堅定信仰、以作潔淨之用或以紀念耶穌為拯救全人類的死亡。

基督教相傳，耶穌被猶太教當權者押送到羅馬帝國駐猶太總督彼拉多，並判處死刑。在死後第三日復活，復活後四十日升天。到了西元四世紀，信奉異教的羅馬皇帝君士坦丁歸信叛道的基督教，下令禁用此刑具，並提倡用十字架作為「基督教」的標誌。

角鬥士的規則與傳統

對角鬥士的最早記載要追溯到西元前二六四年的古羅馬。早期的角鬥士來自奴隸、戰俘、罪犯（羅馬公民一犯罪就失去了公民權），但後來有大量的自願者入行。到了共和羅馬晚期，超過半數角鬥士都是自願入行的。

角鬥士是經過訓練的職業殺手，他們為了取悅皇帝和當地的領主而搏殺到死。角鬥士們在類似軍事訓練營的地方一起訓練，訓練方式和現代訓練運動員的方式非常相似。他們要進行非常嚴酷的鍛煉並接受嚴格的飲食控制，只能進食高熱量的食物；要學習使用各種武器，包括匕首、劍、網以及鎖鏈等。角鬥士經常隨團到帝國的各個地方進行巡迴表演。

角鬥活動有很多形式，比如魚和網角鬥（雙方分別扮演魚和漁夫）、民族角鬥（例如二十個色雷斯人對二十個沙姆尼特人），等等。通常的形式是兩人一組互相格鬥，失敗的角鬥士通常是被勝者殺死。敗者則義無反顧地抓住勝者的大腿，而勝者將長劍直接刺入他的咽喉來宣告勝利，可以說是一種血腥而殘忍的娛樂。角鬥士團曾經為私人所有，因為統治者害怕他們威脅帝國的統治，後來逐漸被國家接管。

角鬥士也分為不同的種類，他們的武器和鎧甲有很大的差別。一些常見的角鬥士分類有：持盾劍鬥士，左腿、雙肘和雙腕穿皮製盔甲，手持大盾牌和劍。這類角鬥士還戴著頭盔和面盔。色雷斯角鬥士手持僅可遮住軀幹部分的小型方盾牌，手中的武器只有匕首。莫米羅角鬥士有厚重的矩形盾牌保護，全身從肩膀到小腿都在盾牌的掩護之下。這類角鬥士還戴著有巨大頂飾的頭盔，手持短匕首。持網和三叉戟的角鬥士是所有角鬥士中最易受攻擊的一類角鬥士，因為他們幾乎赤身裸體地參加格鬥，僅有的保護是皮製護肩、網和三叉戟。

角鬥士可能是源於宗教。羅馬人崇拜很多神祇，為了在祭祀神和紀念祖先的神聖儀式上宣揚自己的勝利，他們會模擬出戰爭的場面。這對早期嗜血的羅馬人來說也是種特別的娛樂。於是，日後這種活動的娛樂功能逐漸取代了儀式功能，最後成為政治家討好民眾的工具。

紐約被稱為「大蘋果」的原因

紐約被稱之為「大蘋果」有四種說法。第一種說法稱，紐約州雖產蘋果，但產量很少，遠不及加州蘋果世界馳名。有一年加州蘋果欠收，外銷告急，於是紐約的蘋果小兵立大功，解救了加州外銷蘋果的窘境。紐約人引以為傲，從此稱紐約為「大蘋果」。

第二種說法傳言經濟大蕭條時期，許多銀行家因失業而窮困潦倒，必須從其市郊家中載著一袋袋蘋果到到紐約大街上兜售販賣。因為紐約州常見到蘋果樹，在紐約經濟中扮演相當重要角色，進而使市政府大力推行這個名詞來代表紐約。

第三種說法認為，在一九二〇至一九三〇年，爵士樂大行其道，有個爵士樂手大唱：「成功樹上蘋果何其多，但如果你挑中紐約市，你就挑到了最大的蘋果！」之後有人又證實因市區內有一極受歡迎的爵士俱樂部就叫大蘋果。

還有一種說法稱，大約在五十多年前，美國一群爵士樂師們經常到各地去巡迴演出賺錢。樂師們把所有要去的城鎮，都描述成樹上的蘋果。他們去演出賺錢，就像去摘蘋果。紐約在當時是諸城鎮中演出賺錢最多的城市，各城鎮都叫蘋果，自然紐約便是「大蘋果」。

西方人忌諱「十三」的原因

這一忌諱源於兩種傳說，其一，傳說耶穌受害前和弟子們共進了一次晚餐。參加晚餐的第十三個人是耶酥的弟子猶太。就是這個猶大，為了三十塊銀元把耶穌出賣給猶太教當局，並親自為他們引路，抓住了耶穌。此後，耶穌被釘上了十字架。參加最後晚餐的是十三個人，晚餐的日期恰逢十三日，「十三」給耶酥帶來苦難和不幸。從此，「十三」被認為是不幸的象徵，是背叛和出賣的同義詞。

其二，西方人忌諱「十三」源於古代希臘。希臘神話說，在哈弗拉宴會上，出席了十二位天神。宴會當中，一位不速之客——掌管煩惱與吵鬧之神洛基忽然闖來了。這第十三位來客的闖入，以致天神寵愛的伯修斯不幸死亡。

這類的傳說很多也很廣，特別是關於《最後的晚餐》的傳說，在西方已經深入人心，達文西還畫了名畫《最後的晚餐》，流傳甚廣。因此，「十三」成了西方世界最為忌諱的數字。

「十三」這個數字美國人最為忌諱，他們認為「十三」不吉利，會給人帶來不幸。在美國宴會上不能十三個人同坐一桌，也不能有十三道菜。很多高層建築都沒有第十三層，即使有，住戶也會自欺欺人地稱它為第十四層樓，作為安慰。在德克薩斯的潘帕市還曾發生過這樣一件趣事：有一段時間，潘帕市接連發生五起交通事故，人們紛紛指責警察局管制交通不利，警察局慌忙追查責任，尋找原因。最後找到了問題所在，原來警方有一輛十三號巡邏車。他們認為正是這個不祥的「十三號」導致該市事故屢發，於是把這輛車的序號改成了二十五。

牛隻數量最多的國家

按牛的頭數，印度是要居世界首位。印度擁有的牛達三億之多，人均擁有量居世界第一位，但經濟上的作用並不大。這與印度的宗教習俗有很大關係。

印度人口的百分之八十信奉印度教。在一般印度人當中，如同恆河被視為「聖河」一樣，牛也被崇拜為神物——「聖牛」。印度教徒認為，牛既是繁殖後代的象徵，又是人類維持生存的基本保證。就是在科學技術十分發達的今天，印度人對牛仍然是敬之如神。印度教教規嚴禁宰殺牛和食用牛肉，印度雖然有養牛業，但只能提供牛奶、黃油及牛糞作燃料，喝牛奶是允許的。特別是水牛奶，印度人格外喜歡。即使是年老的牛，也仍被保留和養活著。在印度億萬頭牛中，這類已無法工作的老牛占不少比重，它們無所事事，四處遊蕩。一方面印度人不吃牛肉，連牛油都不碰，在英國統治印度的時候，印度人還為此發起過暴動，因為據說英國給印度部隊的子彈是塗抹過牛油的。印度僧侶每年還要舉行一次儀式，叫「波高」，表示對牛的尊敬。他們還和商人舉辦了許多「聖牛養老院」，將那些年邁體弱，不能自己覓食的老牛收養起來，一直到老死。

另外，印度是世界上耕地面積最多的國家，而且是傳統的農業國家，所以自然耕牛也會比較多。

新加坡被稱為「獅城」的原因

新加坡是一個城市國家，原意為獅城。據史籍記載，西元一一五〇年左右，蘇門答臘的三佛齊王國王子乘船到達此島，看見一頭黑獸正要來襲擊他們，而當他和王子的目光交匯時卻又安靜了。當地人告訴他這是獅子，於是王子開始發展這個小島，也就是現在的新加坡。於是新加坡遂有「獅城」之稱。

從名稱來看，新加坡是梵語「獅城」之諧音。由於當地居民受印度文化影響較深，喜歡用梵語作為地名。新加坡的名字來源於梵文「信訶補羅」，並有著美麗的傳說。

新加坡古稱淡馬錫，西元八世紀建國，歸屬印尼室三佛齊王朝。相傳十一世紀時，三佛齊王國的王子與謬內島的公主結為夫婦，在謬內島住了下來。一天，王子攜公主外出打獵，乘船時遇大風浪，在即將翻船時，王子把王冠丟到海裡，風浪頓時平靜下來。他們便把船划到馬錫海邊。在附近樹林裡打獵時，他們忽然發現一隻頭黑胸白、身體紅色、行動敏捷的怪獸，隨從告訴王子這是一隻獅子。王子聽了非常高興，認為這是一個吉祥的地方，便決定留下來。因登岸時首見獅子，後來他就把淡馬錫改名為新加坡拉。在馬來語中，「新加」是獅子，「坡」是城的意思。這便是新加坡和獅子城名稱的來歷。

後人為了紀念王子，就把獅子和大海聯繫起來形成魚尾獅，新加坡也被稱為獅城。魚尾獅也成為新加坡的標誌。

腦補知識

新加坡為何華人多

新加坡是由馬來人開創的，卻有百分之七十五的華人。這是為什麼呢？華人旅居新加坡的歷史可溯至西元十世紀左右，在明朝特別是鄭和下西洋的時候，引發了中國第一次移民的高峰。中國有很多船員和漁民待在馬來西亞一帶，他們的後代在這裡開始繁衍生息。而大量移居新加坡則始於英國對新加坡的殖民開發，華人從一八三〇年以後，一直是新加坡的第一大民族。

以前新加坡和馬來西亞是一個聯邦國家，被稱作馬來亞。後來在一九三五年時，因為當時馬來亞首相不滿意李光耀的政見，率先宣布新加坡脫離馬來亞聯邦。八月九日，新加坡被動地宣布獨立，隨後八月九日被稱為新加坡國慶日。

新加坡獨立後，絕大部分華僑自願選擇了新加坡國籍，成為新加坡公民。新加坡共和國建立後，華人經濟隨著新加坡國民經濟的發展不斷壯大。也因為新加坡為華人統治地區，華人在新加坡的權益可以得到充分的保障，所以又引發了大批華人從馬來亞的麻六甲、柔佛等地遷入新加坡，逐漸的新加坡華人占大部分了。但是由於近年新加坡華人不願意生孩子，而馬來人和印度人的生育率很高。所以新加坡華人比例在逐漸下降。

據一九九六年六月新加坡政府統計，新加坡的華族兩百三十五萬兩千七百人，占人口數的百分之七十七點三。在新加坡華人中，閩南人約占百分之四十；潮州人約占百分之二十；廣府人占近百分之二十；客家人占不足百分之十；其餘為講其他方言族群。

泰國被稱為「黃衣國」的原因

泰國是以小乘佛教為國教的國家，佛教最為盛行。巍峨壯麗、金碧輝煌的佛寺遍布全國，佛塔處處建設，全國百分之九十五的居民都信奉佛教。從黎民百姓到皇親國戚，人人都參加佛教儀式。男子到一定年齡都必須剃度出家一次，連國王也不例外，所以泰國人民對寺廟裡的佛像向來是頂禮膜拜，非常虔敬。在泰國，身著黃色袈裟的和尚（比丘）隨處可見。佛教深深地滲入泰國人民的生活和文化。因此，泰國有「黃衣國」或「黃袍佛國」之稱，甚至泰國人民都認為自己是「佛陀子孫」。

在泰國，很多人把佛像裝飾在住宅裡，希望能消災納福，繼而發展成人們喜愛的佛飾。用一條項鍊掛上佛像，戴在脖子上垂到胸前，其作用不僅是裝飾，更重要的是把佛飾作為神聖的力量，以納吉避凶，保護自己。因此人們都帶佛飾，尤其外出辦事、旅遊觀光的人，必定掛上佛飾。人們每天晨起夜寢時，都把佛飾放在掌心，合十祝拜，祈求平安。

英國國旗對於圖案的篩選條件

英國國旗俗稱「米字旗」，指懸掛在艦首的旗幟，英國軍艦艦首都懸掛國旗，因而得名。「Union Flag」意為「聯合旗幟」，它是深藍底色的紅白米字旗。這面旗幟由英格蘭的白底紅色正十字旗、蘇格蘭的藍底白色斜十字旗和愛爾蘭的白底紅色斜十字旗合一而成。

英格蘭聖喬治的白地紅十字旗產生於西元一二〇〇年，隨後被英格蘭採納為國旗。蘇格蘭的聖安德魯的藍地白色「X」型十字旗，最早於八世紀時出現，但直至十三世紀時才被蘇格蘭正式用作國旗。一六〇三年，英王伊莉莎白一世死後，因為沒有兒子，王位無人繼承，便由當時的蘇格蘭詹姆斯一世兼任英格蘭王。一六〇六年，詹姆斯一世統一英格蘭和蘇格蘭時，將這兩面旗幟圖案重疊起來，作為大不列顛的國旗。愛爾蘭的聖派翠克的白地紅色「X」型十字旗，最早是愛爾蘭菲茨諾德家族的旗幟。

一七〇七年，英格蘭和蘇格蘭合併組成大不列顛王國，大不列顛王國的國旗圖案即由正紅十字和白色交叉十字重迭組成。一八〇一年，愛爾蘭與大不列顛聯合組成王國後，這面旗幟又與大不列顛國旗重疊，最後形成了大不列顛及北愛爾蘭聯合王國的這面構圖奇特的「米字旗」。後來愛爾蘭島的一部分脫離了英國，國旗也未再改變，這就是今天的米字旗。

一九〇八年，英國議會宣布「米字旗應該被認為是英國的國旗」。一九三三年英國內政大臣則宣布「米字旗就是英國國旗」。

國旗上的「米」字不僅是紅白十字的重迭，紅色正十字代表英格蘭守護神聖喬治，白色交叉十字代表蘇格蘭守護神聖安德魯，紅色交叉十字代表愛爾蘭守護神聖派翠克。英國本土即由這三部分組成，因此英國也稱為「英倫三島」。

何謂十字軍

十世紀末，近東地區已經基本上穩定了下來，拜占庭帝國和阿拉伯人之間達成了某種均衡的態勢。通往耶路撒冷的道路是開放而安全的，聖城掌握在穆斯林手中，既是基督教的聖地，也是伊斯蘭教的聖地，吸引了無數朝聖的遊客。但是，這種平衡被後來的塞爾柱土耳其人打破。他們占領了耶路撒冷，並且於西元一〇七一年擊敗東羅馬帝國的軍隊，從此朝聖的人們沿途倍受土耳其人的騷擾。

迫於土耳其人的壓力，當時的東羅馬帝國皇帝亞力克修斯．康姆尼紐斯最後不得不向教皇和西方教會求救，希望他們能夠給予軍事援助，打敗這些異教敵人。他請求西方派出一支雇傭軍隊伍，幫他奪回他的失地，而沿途的戰利品都歸雇傭軍所有。

一〇九五年，為了回應來自拜占庭國王請求協助的要求，教皇烏朋號召了由基督教戰士所組成的十字軍，企圖從回教徒手中重新奪回巴勒斯坦。

徵募十字軍一事激起歐洲騎士的熱烈回應，一方面是出於本身激烈的信仰，一方面教皇也保證只要為聖戰而死均可得到升上天國的回報。此外另一個誘因是有機會在海外攫取土地與財富，其獲利比起與家鄉親族或和鄰近地區爭奪要強上許多。

一〇九六年秋天，由法國、義大利、德國西部的騎士組成的十字軍大約三十四萬人，分別從各地出發，經過小亞細亞半島，向耶路撒冷進軍。十字軍是一群紀律鬆散的烏合之眾，甚至有牧師、婦女和兒童。當然，也有部分全副武裝的騎士。而當時小亞細亞和巴勒斯坦等地處在塞爾柱土耳其人的統治下，實際上已經分裂成一些各自獨立的小國。所以十字軍一下子打過來時，這些小國難以組成統一的反抗力量。安提阿於一〇九八年因內部變節被占領，耶路撒冷則在一〇九九年因駐軍虛弱不足以抵擋攻擊而淪陷。十字軍在勝利後不分年齡、信仰或性別對居民進行屠殺，因而名聲大壞。雖然許多十字軍在戰後返回家園，但也有數個強悍的戰士團留下來建立與歐洲相仿的封建王國。

電子書購買

國家圖書館出版品預行編目資料

老師沒教的歷史腦補課：節日 x 建築 x 發明 x 文化 , 那個沒有 3C 產品的年代 , 看古人如何從生活中找樂子 / 陳深名著 . -- 第一版 . -- 臺北市 : 崧燁文化事業有限公司 , 2022.03
　面；　公分
POD 版
ISBN 978-626-332-051-2(平裝)
1.CST: 世界史 2.CST: 通俗史話
711　　　111000868

老師沒教的歷史腦補課：節日 × 建築 × 發明 × 文化，那個沒有 3C 產品的年代，看古人如何從生活中找樂子

臉書

作　　者：陳深名
發 行 人：黃振庭
出 版 者：崧燁文化事業有限公司
發 行 者：崧燁文化事業有限公司
E-mail：sonbookservice@gmail.com
粉 絲 頁：https://www.facebook.com/sonbookss/
網　　址：https://sonbook.net/
地　　址：台北市中正區重慶南路一段六十一號八樓 815 室
Rm. 815, 8F., No.61, Sec. 1, Chongqing S. Rd., Zhongzheng Dist., Taipei City 100, Taiwan
電　　話：(02) 2370-3310　　傳　　真：(02) 2388-1990
印　　刷：京峯彩色印刷有限公司（京峰數位）
律師顧問：廣華律師事務所 張珮琦律師

定　　價：399 元
發行日期：2022 年 03 月第一版
◎本書以 POD 印製